APRIL

APRIL

Yayın No: 223
1. Baskı: Şubat, 2024
ISBN: 978-625-98643-1-0

Yayın Yönetmeni: K. Egemen İpek
Kapak Tasarım: Tahir Berk Yılmaz
İç Tasarım: ademsenel.com

Baskı: Ayrıntı Basımevi
Sertifika No: 49599

A.P.R.I.L Yayıncılık
Tarık Zafer Tunaya Sokak
21/3 Gümüşsuyu-Beyoğlu-İstanbul
Tel: (00 90) 212 252 94 38
www.aprilyayincilik.com
bilgi@aprilyayincilik.com

J.HAKAN DEDEOĞLU

OLAĞAN ÜSTÜ SIRADIŞI VE MÜKEM MEL

APRIL

"Bana öyle geliyor ki, başına hiçbir felaket gelmemiş insandan daha şanssızı yok."

– Demetrius

1.

"Veee, Kestik!" Sesim stüdyoda yankılandı. Herkes dikkat kesildi, iş durdu, gözler bana döndü. "Tamamdır arkadaşlar, kapattık, bölümü paketleyebiliriz."

Teşekkürler ve homurdanmalarla karışık bir gürültü yükseldi ekipten. Yerimden kalktım, cebimden telefonumu çıkardım ve kapıdan dışarı çıktım. Tereddütsüz yapım şirketinin sahibini, yani patronumu aradım.

"N'aber aslanım?" diye açtı. "Bitti mi bölüm?"

"Evet." Devamında söyleyeceklerime hazırlıksızdı. "Evet de ben son kez paketledim. Bitti işim. Bırakıyorum," dedim.

Asap bozucu bir kahkaha patlattı. "Şakacı seni."

"Yok" dedim. "Musa Bey, bırakıyorum diziyi."

Şaşırtıcı olmayan bir sessizlik... Sonra tonunu değiştirerek devam etti. "Hassiktir lan ordan!" İnsan ilişkilerinden anlamayan biriydi Musa Bey ve hazmetmem gereken bir kamyon dolusu küfür vardı sırada. Buna hazırdım. "Neyi bırakıyorsun lan pezevenk!"

"Diziyi Musa Bey."

"Yok öyle yağma, tıpış tıpış gidip çekmeye devam edeceksin. Kimsin oğlum sen, böyle beni arayıp gevrek gevrek bırakıyorum diyorsun? Oyuncak mı lan bu?"

"Yapmak istediğim başka işler var," dedim soğuk bir sesle. Adamla boğuşmanın bir faydası olmayacaktı. Hızlıca kestirip atmam gerekecekti. Tek temiz çıkış yolu buydu.

"Bana bak," dedi. "Senin hayatta başka bir işin, başka bir sıfatın yok. Senin hayatta sahip olacağın tek iş bu dizi. Bu dizi devam edene kadar da bu böyle kalacak. Şimdi kapatıyorum bu telefonu, konuşmamışız sayıyorum, o da geçmiş yılların hatırına, tamam mı koçum?"

"Tamam değil. Şimdi siz beni iyi dinleyin. Detaya girmeye, helalleşmeye falan gerek yok. Sizden hiçbir talebim de yok. Ben size haber veriyorum. İkinci yönetmenimiz zaten iyice pişti. Benden bile daha hâkim işleyişe. O rahat rahat devam ettirir. Yollarımız burada, bu telefon konuşmasıyla birlikte ayrılıyor. Güzel zamanlarımız oldu. Yıllar önce güvenip diziyi bana teslim ettiğiniz için de teşekkür ederim. Bana müsaade..."

"Ne müsaadesi lan, ne müsaadesi! Sen bundan böyle anca çiçek sularsın, yaşatmam lan ben seni! O sete hele bi dönme bak neler oluyor göt oğlanı seni!"

Biraz hırladığını duydum. Sonra da soluklandığını. Ben de bir yandan yanımdan geçip giden set çalışanlarına selam veriyordum. Hiçbir şey olmuyormuş gibi. Hiçbirinin kiminle ne konuştuğumdan haberi yoktu.

"Musa Bey, benim burada işim bitti."

"Bak güzel kardeşim. Sen beni tanımadın galiba. Tanıyorsun sanıyordum ama tanımıyorsun..."

Aslında gayet iyi tanıyordum Musa Bey'i. Hak ettiklerini değil, istediklerini alan biriydi. İstediği her şeyi. Bedeli ne olursa olsun. Canı beni istiyorsa beni de alırdı. Bedeli ne olursa olsun. Adımın önündeki sıfatı da söküp alırdı, yeri gelirse canımı da. Gerçi işlerin o radde varmayacağının hesabını yapmıştım.

Tüm karanlık bezlerde tarağı olan, kalın ense kategorisinde tıfıl bir adamdı. Lakin televizyon dizilerinin, sinema filmlerinin ışıltılı dünyasını ve yasa dışı âlemlerden gelen mangırlarını burada ezmeyi seviyordu. Kırmızı halılar, galalar, oyuncularla çekilen fotoğraflar ya da çıkılan *über* lüks yat tatilleri... Adamın gustosu buydu.

Benim işime pek karışmazdı. Reytingler iyi olduğu, dizinin yurtdışı satışları tıkırında olduğu sürece herkesin parasını zamanında öder, sete burnunu sokmaz, rahat bırakırdı. Sezon ortası ve yeni sezon öncesi bir toplantı için çağırırdı. Malikanesinin bahçesine şık aperatiflerle bir masa kurdurur, purosunu yüzüme üfleye üfleye önüme konup duran acayip pahalı viskilerin şeceresini anlatırdı. Sonra da dizinin kadrosuna dahil etmek istediği ve tanıdığımı düşündüğü oyunculardan bahsederdi. Nedense beni piyasadaki en gözde isimlerle içip sıçan, yatıp kalkan bir zampara bellemişti. Hâlbuki alakam yoktu. Yine de kaçamak cevaplar verip Musa Bey'in modunu düşürmezdim. Dahil etmek istediği oyuncuların gıyabında makul mazeretler uydurur, müsait olmadıklarını söylerdim.

Musa Bey ile genel hukukum buydu. Adamın zaten çevresindekilerden tek bir ricası vardı, ağzının tadını kaçırmamaları. Ben ise herifin ağzının tadını fena hâlde kaçırmıştım.

"Sen o diziyi paşa paşa çekmeye devam edeceksin..."

Cevap vermeden telefonu kapadım. Zaman birtakım şeyleri gözden çıkarma ve göze alma zamanıydı.

2.

Tepesi kesik, boynu bükük bir palmiye ağacı, site kapısının iki köşesine özensizce yerleştirilmiş eski bir Roma heykelinin dandik replikaları, onlara eşlik eden paslanmış bahçe lambaları, son nefesini verir gibi hafif hafif su sızdıran yeşil bahçe hortumu, kim bilir kaç yıldır kullanılmayan duş kabinleri, beni içeri buyur eden site içi yol döşemeleri, yolun iki yanından fışkırmış, bereketli toprağın keyfini süren çimenlikler ve adını bilmediğim çeşit çeşit bitki. Muntazam aralıklarla dizilmiş, üçer katlı beyaz yazlıklar ve çatılardaki güneş panelleri. Panellerin tepelerine iliştirilmiş, üzerlerinde *CAN ISI* yazan küçük su depoları ve nerede olduğunuzu belirten, boyası atmış bir tabela... Tabelada *HARABELER SİTESİ* yazıyordu ve ben yorgundum.

Akdeniz'e kıyı bu yazlık sitenin kapısında durduğum vakit gördüklerim bunlardı. Ne azı ne fazlası. Sonra sitenin arkasında uzanan ağaçları ve bodur sıradağları seçti gözlerim. Güneş dağların arkasına düşmek üzereydi. Bana bakan yamaçlar ise günışığından mahrumdu. Hangi yönden estiğini kestiremediğim bir rüzgâr saçlarımı savuruyor, yolculuğun üstümde bıraktığı teri soğutuyordu. Arkamı döndüm. Düzensiz park etmiş site sakinlerine ait arabaların hemen ötesinde kum tepeleri vardı. Arabaların hepsi farklı şehirlerin plakalarını taşıyordu. Aralarında 34 yoktu. Civara baktım. Ne bir insan ne de kapısının önünde durduğum bu site dışında bir yapı vardı. Manzarayı kesen kum tepeleri, deniz ve sahile olan merakımı kamçıladı. Ama yorgundum. Çünkü verdiğim karar beni ağustos ayında İstanbul'dan güneye bir uçak seyahati sonrası kliması bozuk bir minibüse sokmuş, Torosların yılankavi yolları ise beni bir buçuk saat boyunca sağa sola savurmuştu.

Şimdi ise hayatımda adını sanını duymadığım bu yazlık sitenin önünde midem altüst olmuş, bitap bir hâlde verdiğim kararı sorguluyordum. Aslında aldığım karar basitti. Bir laptop, birkaç kıyafet alıp arkama bakmadan şehirden ayrılacak ve hiç bilmediğim ıssız bir yere, kendi sesimi duymak için kapanacaktım. Sevdiklerimle, tanıdıklarımla iletişimi minimuma indirecek, kafayı boşaltacaktım. Sonra da omuzlarımın üstünde taşıdığım şu et yığınını fikirlerle dolduracaktım, yeni ve kendi fikirlerimle. Çünkü içi artık benim mi, başkalarının mı emin olamadığım şeylerle dolmuştu. Önce zihnimi bir sıfırlamam sonra kendime ve sevdiklerime vadettiğim üzere, beni "usta" mertebesine taşıyacak ilk filmim için gereken fikirlerle bezenecektim.

Üniversitede sinema okuduğum yıllarda "geleceğin yıldızı" olacağına inanılan ama yıllarını dizi ve reklam setlerinde çarçur etmiş bir yönetmendim. Tam olarak hangi noktada hayallerimin yerini sektör ve para almıştı bilmiyorum. Aslına bakarsanız bundan yana bir şikâyetim de yoktu, çünkü para derdi olmayanın ciddiye alınır bir şikâyeti de olmaz.

Sevdiğim mahallede, istediğim evde oturuyordum. Dünya haritası üzerinde istediğim noktada, keyfimce tatil yapabilirdim. Sektördeki namım benden on adım önde yürüyordu. Piyasanın sayılan, el üstünde tutulan yönetmenlerindendim. Sosyal hayatım hareketli, çevrem genişti.

Para ve namı ise on sezondur çektiğim diziye, *Toz Duman*'a borçluydum. Halk diziyi seviyordu. Reytingler her zaman iyiydi. On yıl bir dizi yönetmek büyük başarıydı ve dizi bir nevi artık hayatım sayılırdı. Senaryodan çekim ekibine, oyunculardan menajerlere bir aile gibiydik. Ama *Toz Duman* aslında bana ait değildi. Aslında sevmiyordum bile diziyi. Üçüncü sınıf, boktan bir polisiye dizisiydi. Sevmediğim ve bana ait olmayan bir şeyin sahibi olup çıkmıştım. Sektör beni çaktırmadan kendine bağlamış, üstüme yığdığı parayla benden istediğini alır olmuştu. Onlar benden istediklerini alırken beni de piyasanın kurdu hâline getirmiş ve bir şekilde bununla gururlanmam gerektiğine de ikna edilmiştim. Ama günün sonunda iki tarafın da rızasıyla imzalanmış bir akitti bu.

Kendi rızamla hayallerimden vazgeçmiş, piyasanın kurdu olmanın hakkını verebilmek için adım adım insanlıktan çıkmıştım. İnanmadığım bir şey için her gün cephenin ön saflarında çarpışıyordum. Yediğim kurşunlardan delik deşik olmuştum ama sorsan yüzümde bilmiş bir gülümsemeyle on numara iş yaptığımızı söylerdim.

Titiz de bir yönetmendim. Herhangi birinin işini savsaklamasına asla göz yummaz, herkesi tam zamanında mum gibi dikerdim sete. Belki de bu yüzden sevmişti beni işverenlerim. Bu yüzden bu iş için biçilmiş kaftan olduğumu düşünmüşler, çaktırmadan hayallerimin yerini başka fikir ve hedeflerle doldurmuşlardı. Sorun yoğun çalışma saatleri ya da sert koşullar değildi, benden beklentileri karşılayabilme adına büründüğüm post ve onun hakkını verebilmek için vazgeçtiklerimdi. Titrin ve paranın yarattığı gücün kafamda zorla kutsallaştırılmasıydı. İyi bir köpek, iyi bir tetikçiydim gözlerinde. Sahibinin iyi köpeği ne yapar? Onu korur! Ben de yıllarca kanalın çıkarları için havladım, ısırdım, diğer bir deyişle insan harcadım. Ama dediğim gibi bu iki taraflı bir akitti. Ve ben bunu yeğlemiştim. Bunu fark etmek ise bende sadece öfke yarattı. Ara ara dışarı vurduğum, settekilerin üstüne kustuğum, bana ve çevremdeki kimseye faydası olmayan, asıl kaynağını bir türlü bulamadığım bir öfke.

Sanırım buradan sonrasının faturasını Suresh Rattan'a kesebilirim. Rattan'ı tanımıyorum. Tanışacağımı da hiç sanmıyorum. Kendisi yaşlanmak üzerine çalışmalar yürüten Hintli bir biyolog. Rattan, *Yaş* isimli kitabında insanların en mutsuz yaşlarının 40'lar olduğunu söyler. 40'lar artık yaşın gereği yapamayacağın şeylerin farkına varıp bununla yüzleştiğin yaşlardır. Mesela bu saatten sonra astronot olamayacağını fark etmek gibi. Ya da asla bir keman virtüözü olamayacağını anlamak gibi. Veyahut asla tam manasıyla huzuru bulamayacağını anlamak gibi. Bu kahredici idrak ile geçen on yılın ardından gelen 50'ler ise insanoğlunun en mutlu yaşlarıdır. Böyle diyordu Rattan kitabında. Bu satırları okuyan, 40'ların başındaki ben, ister istemez üstüne alındı, kendini tarttı, dönüp arkasına baktı. Ve tek görebildiği şey *Toz Duman*'dı.

Böylelikle adını koyamadığım sinsi bir boşluk gezinmeye başladı içimde. Öfkenin yanına bir de bu boşluk hissi eklendi. Hayatımı disiplinli bir biçimde idame ettirebilmek için kendime koyduğum kurallar bana batmaya başladı. Aynı saatte yat, aynı saatte kalk. İki akşamda bir içki iç ve hiçbir zaman dört cin toniği geçme. Haftada üç kez aynı gün ve saatte spora git, çıkışta aynı yerde aynı yemeği ye. Sete git, emir yağdır, fırça kay, işi teslim et. Sistemim, akvaryumum buydu. Elimdekiler bunlardı. Ama sorun elimdekiler değil sahip olamadıklarımdı. Rattan'ın uyardığı gibi yavaş yavaş sahip olma ihtimalinden uzaklaştıklarım. Artık sahip olup olmadığıma dahi emin olamadığım hayallerim ve insanlığım.

İçimdeki boşluk giderek büyürken başkalarının yapabildikleri de bana dokunmaya başladı. Etrafımdakilerin kendilerince yaşadığı başarılar ya da aydınlanmalar hapsoluşumu onaylıyor gibiydi. Instagram'da tekrar baktığım her gönderi, her yeni mutlu surat yüzüme atılan bir tükürük gibiydi. Elbette Ayvalık'a yerleşip şarapçılık yapacak hâlim yoktu. Bu ben değildim. Ama ben kimdim?

Neyse ki sözleşmişler gibi üç kişi peşi sıra aradığım çıkış biletimi uzattı bana. Önce dayım çıktı sahneye: "Yahu sen film çekmeyecek miydin? Bunun için sinema okumadın mı oğlum sen? Onun bunun kıytırık dizilerini çekip duruyorsun!" "Boş ver dayı, hayat güzel böyle," deyip kadeh tokuşturarak başımdan savdım kendisini. Ama çaktırmasam da içime oturdu bir kere. Onu takip eden günlerde eski sevgilim Banu açığımı yüzüme vurdu. "Mert, bence sen mutsuzsun, biliyorum, görüyorum, hissediyorum. Bu sektörde takılıp kaldığın sürece de öyle olacaksın. Başımın etini yerdin okulda, şöyle film çekicem, böyle film çekicem... E hani?" Haklıydı, yerdim. Ama üniversitede hepimiz iddialı bireyler değil miydik? Hangimiz üstümüzde imrendiğimiz idollerin postlarıyla caka satmadı ki?

Eski sevgilimi yakın bir dostum takip etti. "Mert böyle giderse sen altmışında, yetmişinde de aynı diziyi çekmeye devam edersin. Kalk bir silkelen, yap artık şu filmi!"

Neden böyle bir çıkış yapma gereği hissetmişti? Sormadım. Ama sanırım bu üç tespitte bana en çok koyan, mutsuzluğumun ve başarısızlığımın başkaları tarafından görünür hâle gelmiş olmasıydı. İyi tarafı ise bana çıkış yolunu göstermişlerdi. *Toz Duman*'dan, bu sistemden çıkış biletim kendi filmimi çekmekti. İçimdeki boşluğu doldurmamın yegâne yolu buydu. İtinayla inşa ettiğim ve içine kendimi hapsettiğim bu hapishaneden kaçmak için kendi tırnaklarımla kazıyarak açacağım tünel buydu.

Ve işte böylelikle ne niyetim ne de hayalim varken, bir anda ilk filmimi çekme iddiasıyla kendimi öne attım. Öyle dandik bir piyasa filmi ya da sipariş üzerine çektiğim bir iş değil, *Yazan ve Yöneten* ibaresini her yere yazdıracağım bir eser olacaktı. Festivallerden festivallere koşacak, bana ve ekibime ödüller kazandıracak bir yapım olmalıydı. Çünkü bana bu yakışırdı. Buna önce başkalarını inandırdım, sonra kendimi. Başkalarının inancına ihtiyacım vardı çünkü.

Gözümü hırs bürümüştü bir kere. Önce yıllarımı verdiğim dizim *Toz Duman*'a anlattığım gibi veda ettim. Ama iddialı davranmak böyle bir şeydi ve çok da tartmadan istifamı verdim. Ayrılığım, dizide büyük, sektörde ufak çaplı bir olay yaratsa da istediğim buydu zaten. Bir etki yaratmak.

Gittiğim her yerde ilk filmim için hazırlıklara başladığımı söyledim. Konusunu soranlara "sır" dedim. Hâlbuki konusuna dair hiçbir fikrim yoktu. Hatta tek bir fikrim dahi yoktu. Komedi? Dram? Melodram? *Toz Duman* yıllar içerisinde yaratıcılığımı törpülemiş, beynimi rendelemişti. Hiçbir şey düşünemiyordum. İlham bana yüz metreden fazla yaklaşamıyordu. Ama durmadım. Göğsümü gere gere anlatmaya devam ettim. Sonra senaryo yazmak üzere kapanacağımı, bir sayfiye yerine gideceğimi beyan ettim ki fena bir fikir değildi. Zira İstanbul'daki sosyal hayatım herhangi bir işe yoğunlaşmama müsaade etmiyordu. Ya da bunu ben uyduruyor, korkularımla yüzleşmemek için kulp buluyordum.

Dayım Gümüşlük'teki yazlığını teklif etti. "Fazla tanıdık var orda, rahat bırakmazlar, çalışamam," bahanesiyle reddettim. Sonra başka bir akşam, dostlar arasında atıp tuttuğum, inzivaya ihtiyaç duyduğumu söylediğim bir anda çocukluk arkadaşım Deniz'in yazlık evini hatırladım. Anlattığı ve hatırladığım kadarıyla kuytu bir yerde, gözden ırak, sessiz bir yerdi. Gözde bir tatil beldesinde de değildi. Neredeyse hiç gitmiyorlardı hatta oraya. Senaryoya yoğunlaşmak ve Musa belasından uzaklaşmak için biçilmiş kaftandı. Deniz'in yanına uğradım. Evden çalışan bir tasarımcıydı. Önüme bir çift anahtar atıldı. "Al," dedi. "Bizim yazlığın anahtarları.

Annem zaten pek gitmiyor, bu sene de sağlık sorunları var biraz. Ev öylece duruyor. Kimse sana bulaşmaz. Sen kimseye bulaşmazsın. İstediğin kadar kal."

Deniz'in babası o yazlıkta ölmüştü. Ya da herkes öyle olduğunu düşünüyordu. Herkesin tek bildiği, en son, her sabah yaptığı gibi, gün doğumunda denize girmek üzere sahile doğru yürüdüğüydü. Cesedi hiçbir zaman bulunamamıştı.

Anahtarlara bakınca bu trajik hikâyeyi hatırladım ve arkadaşım için bir kez daha üzüldüm. Mahalleden çocukluk arkadaşımdı ve babasının kaybolduğu dönemde acısına ortak olmuştum. En azından elimden geldiği kadar. O sırada ikimiz de daha on dört yaşımızdaydık. Acıya ortak olmaktan pek de anladığımız söylenemezdi.

Biri yeşil, biri pembe plastik başlıklı iki anahtarı avucuma alıp baktım. Bir tur parmağımda çevirdim sonra da "tamamdır," dedim. Üç gün sonra buradaydım. Anahtarlar yine elimde, üzerinde yazan kapı numarasına bakıyordum. *32/B* yazıyordu.

Harabeler Sitesi, fikri bulup senaryomu yazabilmem için doğru yer miydi? Yorgunlukla pekişmiş, pişmanlıkla soslanmış hafif bir panik dalgası yayıldı bedenime. Ne halt yemeye tepmiştim onca yolu? Muhtemelen sıkıntıdan çatlayacak, birkaç güne de tıpış tıpış İstanbul'un yolunu tutacaktım. Belki de başarısızlığımı, içimden iyi bir dizi yönetmeninden fazlasının çıkmayacağını kabullenecektim.

Arkamdan bir motosiklet geçti. Oğlan motoru kullanan kızın beline sarılmış, toprak yolda gidiyorlardı. Ucuz motorları akşamüstü güneşinin altında canavar gibi yol alıyordu. Uzaktan bir köpek havladı. Onu, taşra anımsatıcısı horoz sesi takip etti. Göremediğim bir yerlerde kanatlı canlılar havalandı ve Harabeler Sitesi'nin kapısından içeri adım attım.

3.

İlk gece, belki yeni yerimi yadırgadığımdan, belki de yol yorgunluğundan, delik deşik bir uyku çektim. Ağustos başı olmasına rağmen gece çok sıcak değildi. Gözümü her araladığımda uçuşan perdeleri görüyor, rüzgârın zangırdattığı panjurların ve kıyıyı döven dalgaların sesini duyuyordum. Ara ara, tanıdık gelmeyen bir kuşun sesi uykumu bölüyor, bana İstanbul'da olmadığımı hatırlatıyordu. Kuş, dalga ve cama vuran panjur sesleri yerini horozlara bıraktığında zaten gün ağarmıştı.

Gece ne eve ne de civara bakmadan kendimi yatağa atmıştım. Kalkıp alt kata inip evi keşfe çıktım. Mütevazı, amaca hizmet yazlık eşyalarla döşenmiş küçük bir ev olmasına karşın sahiplerinin zevkini yansıtan detaylar gözüme çarptı. Giriş kat küçük bir tuvalet, salon ve Amerikan mutfaktan ibaretti. İki koltuk, bir kanepe, kahve sehpası, yemek masası, kitaplar ve biblolarla donatılmış geniş bir kitaplık vardı. Bir yazlık için iddialı bir kütüphane diye düşünsem de Deniz'in annesi Nergis ablanın edebiyat öğretmeni olduğunu hatırladım. Kitaplar onun dünyasıydı. Kitaplığın hemen yanındaki berjer ve eşlikçisi gece lambası ise okuma zevkinin altını çiziyordu. Kitaplığın hemen karşısındaki duvarda ise meşhur bir tablonun kopyası asılıydı. Hani şu müze dükkanlarında satılan cinsten.

Kitap okumayı seven, güzel kahve de sever düşüncesiyle mutfağı keşfe geçtim. Tahminim beni yanıltmadı. Oldukça işlevsel gözüken bir kahve makinesi mutfak tezgahının üzerinde duruyordu. Okuma köşesi ve kahve makinesi iyiye işaretti ama buradaki zamanımın kısıtlı olacağından emindim.

Bir kahve yapıp kendimi ifşa etmemeye özen göstererek perdeyi araladım ve dışarıyı süzdüm. Civar avcılardan ürken yabani bir hayvan gibiydim. Musa Bey'i ve adamlarını göreceğime dair pis bir his yayıldı içime. Evin önünden omuzlarına attıkları havlularla sahilin yolunu tutmuş bir aile geçiyordu. Gülüşmelerini duydum. Hemen arkalarındaki iri ve yüksek palmiyeler rüzgârda hafifçe salınıyorlardı. Sitenin eski gözüken beton duvarı boyunca dikilmiş, yerleşkenin sınırını işaret ediyorlardı.

Aile geçince kafamı biraz daha uzattım. Sağ tarafa doğru yirmi metre kadar ötede komşu ev duruyordu. Etrafı gür bir asmayla çevriliydi. Asmanın hemen yanında ise evler arasındaki avluya dev bir şemsiye gibi gölge yapan bir alev ağacı vardı. Evlerin birbirine yakınlığı hafif canımı sıktı. Gerçi çocukluk ve gençlik tatillerimin geçtiği aile yazlığımız da bundan farksızdı.

Bodrum'un Torba mevkiinde, koya bakan yamaca kurulu sitemizde evler birbirine o kadar yakındı ki herkes komşusunun akşam yemeğinde sofraya ne konduğunu dahi bilirdi. Karpuz ve soğan kokuları, gülüşmeler ve kavgalar sitede birbirine karışır ama batan güneşin manzarası size her şeyi unuttururdu.

Akşamüstü, güneş biraz ortalıktan çekilince Tokyo terliklerimi giyip kısa bir tura çıkmaya karar verdim. İçimde her an baş göstermesi muhtemel pişmanlığı bastırmam gerekiyordu. Bıraktığım onca yıllık işim, aldığım riskin finansal boyutları, döndüğüm takdirde yerinde yeller esecek itibarım, Musa Bey gibi konu başlıkları aklıma geldikçe şakaklarım zonkluyor, avuç içlerim terliyordu. Bunun doğal bir yan etki olduğunu sayıklayarak kendimi telkin etme çabaları ise bir yere kadardı.

Neyse ki kendini kaybetmiş ve Üçüncü Dünya Savaşı'na doğru koşar adım ilerleyen dünya bana yardımcı olmak için elinden geleni yapıyordu. Zamanında görülmemiş eski hesaplar yeniden açılmış, şiddet, işgal ve ölüm ağza kolay alınır laflar hâline gelmişti. Öte yandan insanoğlunun belki de kendini temize çekme, kendini sıfırlama yöntemi de buydu. Ama dediğim gibi dünya bana yardımcı oluyordu. Dünyanın dört bir ucundan gelen haberlerle her saniye güncellenen gündem sayesinde aklımı meşgul tutabiliyordum. Dünya gündemi benim pişmanlık ve endişe savarım olmuştu. Kendimi bulmak için atıldığım bu macera elimde patlarsa diye başlayan endişeli düşünceleri defetmek için herhangi bir sosyal medya hesabımı açmam kâfiydi. Kim nereyi işgal etmiş? Hangi lider kime sövmüş? Nükleer yok oluşa ne kadar yaklaşmışız? Bunlara bakarken endişelerim su gibi akıp gidiyordu.

Kaldığım evin hemen karşısında, sitenin dışına çıkış veren, sonradan açıldığı belli ufak bir kapı vardı. Yol belli ki denize doğru ilerliyordu. Kapıdan çıkınca bir süre ne mahsul verdiğini anlayamadığım bir tarlanın yanından yürüdüm. Tarlanın bittiği noktada hangi yöne doğru devam edeceğime karar vermeye çalışırken arkamı döndüm. Dün akşamüstü gördüğüm minyon dağ sırasını biraz daha detaylı seçebiliyordum şimdi. Dik yamaçlar Akdeniz'e has makilerle örtülüydü. Tepeler ise ağaçlıktı.

Sıradağ batı yönünde denize doğru bir kavis yaparak muntazam bir şekilde küçülerek ilerliyor, son bir bombe yaparak denize kavuşuyordu. Tüm heybetiyle uyuyan bir ejderhaya benziyordu. Buruna doğru olan yamaçlarda belli belirsiz yapılar seçti gözlerim. Ama aramızda yükselen ağaç ve sazlıklardan ne olduklarını tam anlayamadım. Sıradağın doğu tarafında ise yamaçta açılmış derin bir oyuk, oyuğun dibinde ise kontakları kapalı iş makineleri vardı.

Sahile yürümeye devam ettim. Kum tepelerinin ardındaki maviliğe dair merakım gitgide kabarıyordu. Tarlanın bitimindeki büyük dut ağacının hemen karşısında, kum tepelerinin arasından ilerleyen bir patikaya saptım. Önce kum ve toprak karışımı bir araziden geçtim. Bonzai benzeri bodur bitkiler belirli aralıklarla bu verimsiz gibi duran zeminde etkileyici bir görsellik oluşturuyorlardı. Az ötede harabe hâlinde, insan boyunda taş bir yapı vardı.

Birkaç adım sonra bitkiler görünmez bir sınır varmışçasına bir anda kesildi, kum başladı ve deniz belirdi. Şimdi tüm sahil olanca görkemiyle karşımdaydı. Doğu yönünde alabildiğine, kilometrelerce uzanan kumsal, batı yönünde az önce gördüğüm kayalık burunla son buluyordu. Mesaisini bitirmek üzere olan güneş, göl kadar sakin denizin üzerine parıltılar serpiştiriyordu. Denizle aramda daha elli metre kadar vardı. Uzunluğu kadar genişliği de hayranlık uyandırıcıydı. Bir süre sonra bu göz alıcı sahilin tenhalığı dikkatimi çekti. Koca görüş mesafemde hepi topu on kişi ya var ya yoktu. Yıkıntı yapının yanına külüstür bir motor park etmişti. Motorun muhtemel sahibi kıyıya kurulmuş balık tutuyordu. Onun az ilerisinde üç kişilik bir aile suyun tadını çıkarmaktaydı. Diğer insanlarsa kurusunlar diye güneşin altına serilmiş havlular gibiydiler. Sahil boyunca mesafeli ve hareketsiz, uzanmış güneşleniyorlardı. Ya da kestiriyor veya kim bilir ne hayaller kuruyorlardı.

Bense ilk kez gördüğüm manzaranın çarpıcı büyüsüne teslimdim. Issız güzelliğin vücut bulmuş hâli karşımda göz alabildiğine uzanıyor, kulağıma fısıldayacağı esinlerin müjdesini veriyordu. Denizin davetkâr hâli bana belki de buraya gelişim hata değildir dedirtti. Heyecanlandım. Filmimin senaryosunu bulma ihtimali ilk kez yakın geldi. Hatta amacıma doğru adım adım yürürken denizin ve güneşin sefasını da sürebilirdim.

Manzaranın içine yürüdüm. Kıyıya vardım. Kumlar kıyıya yaklaştıkça yerini küçük çakıllara bıraktı. Üstünde çıplak ayak rahatlıkla yürüyebileceğiniz, küçük, oval çakıllardı bunlar. Mat ve enfes bir renk paleti vardı. Sanki her biri diğerleriyle ahenk içerisinde dursun diye özenle boyanmıştı. Açık ve koyu tonlarda kahverengi, gri, pembe, bej, sarı ve aralara tek tük serpiştirilmiş ayrıksı siyahlar... Az daha ilerleyip ayaklarımı suya soktum. Bedenim bu yıl ilk defa denizle temas ediyordu. Tatlı bir ürperme geldi. Şimdi ilk kez *Toz Duman*'ı da İstanbul'u da bıraktığıma seviniyordum. Olası filmime dair ilk kez yeşeren umudu ekonomik kullanmak üzere, heyecana fazla kapılmama konusunda kendime telkinde bulundum ve denizin keyfini çıkardım. Ara ara hafifçe esen rüzgâr suyun üstünü nazikçe tarıyor, iş başında usta bir ressam gibi, denizin üstüne desenler çiziyordu.

Deniz'in çocukken ailecek her yaz geldikleri bu ıssız yerden nasıl da nefret ettiğini hatırladım. Yaz başı küfrede küfrede gider, yaz sonu yine küfrede küfrede dönerdi mahalleye. Ailesinin onu sürüklediği bu yazlık yöreyi hapishane bellemişti. Daha ufak yaşlarında arkadaşsızlıktan, ergenlik yaşlarında karşı cinsin yokluğundan şikâyet ederdi. Deniz mahallede en yakın olmasa da en iyi anlaştığım, hayatını, fikirlerini en merak ettiğim arkadaşımdı. O yüzden Deniz hariç çocukluğumun tüm dostlukları ailemin eski ikamet adresinde kaldı. Benzer ilgi alanlarımız, kesişen yollarımız ve yıllar içerisinde keyif aldığımız takılmalarımızla bir şekilde hep hayatımdaydı Deniz. Hatta düşünüyorum da iletişimde kaldığım arkadaşlar arasında en eskisi oydu. Yüzeysel ilişkiler yürütmeyi yeğleyen benim gibi biri için uzun bir zaman dilimiydi bu.

Aslında birçok kez davet etmişti beni buraya. Şimdi dostumun dünyasına adım attıkça koşar adım zihnimin ücra köşelerinden çıkıp duruyordu eski anlar. Anı bile değildi bunlar. Kaydedilmiş anlar sadece. Ama bizim Torba'da yazlığımız vardı. Orası sezonluk arkadaşlarım ve yazlarıma heyecan ya da zaman zaman hüzün katan kızlarla doluydu ve tercihim her zaman Torba'dan yanaydı. Bu sebeple Deniz'in her davetini geri çevirmiştim. Dahil olduğum farklı dünyaları birbirine karıştırmamayı küçük yaştan huy edindiğimden onu da Torba'ya hiç davet etmemiştim. Zaten onun da davetleri babasının ölümü ya da kaybolmasıyla mı demeliyim, kesilmişti.

Kara haber mahalleye Deniz ve annesinden önce varmıştı. Deniz de benim gibi tek çocuktu. Okulların açılmasına az zaman kala dönmüşlerdi. Mahalle tayfası toplaşmış, apartmanımızın girişindeki duvara dizilmiş duruyorduk. Bir taksi önümüzde durdu, kapıları açıldı, içinden Deniz ve annesi indi. Annesinin yüz ifadesini çok hatırlamıyorum. Yüzünün yarısını kaplayan koca bir güneş gözlüğü takıyordu. Nergis Teyze yanımızdan hızla geçip gitti. Deniz bir süre durup yüzümüze baktı. Belki bir şey dememizi bekledi ya da ona sarılmamızı. Ama kaybetmenin ne olduğunu bilmeyen bir avuç ergendik. Hiçbir şey demedik, hiçbir şey yapmadık. Ya da yapamadık diyeyim. O da omuzlarını silkip annesinin peşinden devam etti.

Sonraki günlerde sık sık evine uğradım. Babasını denizde kaybetmenin, cesedinin bulunamamasının onda yarattığı dehşeti odaya düşen sessizlik anlarında hissedebiliyordum. Ama dedim ya, ergendik. Neyi nasıl hissetmemiz ya da nasıl dışa vurmamız gerektiğine dair bir el rehberimiz yoktu. Kısa süreli gergin sessizlikler, hemen yerini şakalaşmalara, bilgisayar oyunlarına bırakırdı zaten. Sonra yan odadan annesinin hıçkırıkları yükselir, ben de müsaade ister evime dönerdim. Babası kaptandı. Uzun yol kaptanı. Deniz ismini de o koymuştu. Yılın çoğu zamanı evden uzaklarda dev okyanuslarda gezinirdi. Eve döndüğü zaman da adını sanını duymadığımız yerlerden tuhaf biblolar, oyuncaklar, posterler, abur cuburlar getirirdi. Biz de kaptan baba mahalleye her döndüğünde ganimetlerini görmek için soluğu Deniz'in evinde alırdık.

Deniz'in babasını yutan o denize baktıkça hüzün çöktü. Az önce içimi açan manzara şimdi içimi karartıyordu. Uçsuz bucaksız tek kişilik bir mezara bakıyormuş gibiydim. Gerçi Deniz'in uzun zamandır babasının ölümüyle ilgili rahatladığını, bu konuyla barışık olduğunu, ara ara buralara gelip bu denize, yani babasının mezarına girdiğini biliyordum.

Tadım daha fazla kaçmasın diye sudan çıkarken burun tarafına doğru tekrar göz attım ve nefesimi kesen başka bir şey fark ettim. Birkaç yüz metre ilerden başlayarak, burnu taçlandıran kayalıklara kadar devasa bir antik kent uzanıyordu. Sahile gelirken yanından geçtiğim yıkık taş yapı bu kentin bir uzantısıydı belli ki. Detayları çok seçemesem de kentin yıkıntıları bazı noktalarda denize karışıp kayboluyor, kimi yerlerde palmiyelerin arasından boy gösteriyordu. Düzlükten yamaçlara doğru şehir seyrekleşiyor, buna karşılık küçük evleri andıran yapılar geniş bir alana yayılıyordu. Antik kentin buruna doğru olan sınırını ise bir kısmı ayakta kalmış ama genel hatları hâlâ belirgin surlar belirliyordu. Surlar, burnun kıyıya dik yamacı boyunca geniş bir alanı daire içine alıyordu.

Deniz'in bana harabelerden, küçükken aralarında oynadıkları saklambaçlardan bahsettiğini hatırlıyordum ama duymak ve görmek aynı şeyler değildi. Sıradağlar, kum tepeleri, pürüzsüz deniz, burun ve bunların arasına yerleşmiş bu antik kent ile tablo mükemmel bir şekilde tamamlanıyordu. Harabelerin doğu yönünde, bittiği yerde de Harabeler

Sitesi başlıyordu. Durduğum yerden evlerin tepelerindeki güneş panelleri ve küçük su depoları gözüküyordu. Antik kenti istila etmek üzere savaş pozisyonu almış bir ordu gibiydiler.

Bu kadim şehre olan merakımı şimdilik bastırdım, denizden çıktım ve evin yolunu tuttum. Elime kalem kâğıt alıp, kafamda hızla belirip kaybolan fikirleri alt alta yazmak istiyordum. Fitili ateşleyecek ufacık bir fikir dahi kafiydi şimdilik. Adımlarımı hızlandırdım. Zihnimin yakaladığı randımanı kaçırmak istemiyordum.

Eve yaklaştığım sırada çalıların arasından çıkan bir adamla yollarımız kesişti. Alttan kıvırdığı tişörtünü bohça gibi yapmış bir şeyler taşıyordu. Göz göze gelince ikimiz de duraksadık. Kısa bir merhabalaşmanın ardından ne yapacağımıza karar veremez gibi birkaç saniye sessizce kalakaldık. Bir açıklama yapmam gerektiğini hissederek Deniz'lerin evini işaret ettim ve orada kaldığımı söyledim. Adam kıstığı gözleriyle beni hızlıca süzdü. Sean Connery'nin Indiana Jones'taki hâlini andırıyordu. Boyu, posu yerindeydi. Kısa ve düzgün gri sakalları, yuvarlak camlı gözlükleri ve çatık kaşları vardı. Hafif aksi gözükse de babacan ve sevimli biri gibi geldi bana.

"Nergis Hanım'ın oğlu Deniz'in arkadaşı mısın yoksa?" dedi sonra. Başım ve gözlerimle onayladım. "Deniz yok sanırsam?" diye devam etti. "Yok, tekim," dedim kısaca.

Kucağındakileri göstererek "Bamya sever misin?" diye sordu. "Eh..." dedim hafifçe gülümseyerek.

"Bunlar başka bamyalara benzemez. Al bak at ağzına taze taze, bahçeden topladım şimdi." Birini alıp tadına baktım. Daha önce çiğ bamya yememiştim. Keşke yeseydim diye düşündürttü. İnsana güven veren bir tadı vardı. Gülümseyip "nasıl ama?" dedi.

"Harika!" dedim. Tepkim biraz abartılıydı. Yabancısı olduğu yere kendini kabul ettirmeye çalışan her yeni gelen gibi... Gülümsedi. Ardından bakışlarını, bir şey düşünür, tartar gibi bir süre yere dikti. Sonra tek kaşını hafifçe kaldırarak "Buralara geldiysen pek işin yok demektir. Yarın tam on ikide şu karşıdaki evin arkasındaki çardakta ol. Sakın geç gelme. Hele gelmemezlik hiç etme," dedi ve yoluna devam etti. Adamın bu kendinden emin komutu karşısında beni ne amaçla, niye çağırdığını dahi soramadım. Komut almaya değil vermeye alışık benim gibi biri için adam en gergin damarıma basmış olsa da pek dert edemedim. Zira bu uzak ve sıfatsız yerde eski kimliğimin hiçbir ağırlığı, geçerliliği yok gibiydi. Bu da hoşuma gitti. "İyi," dedim kendi kendime, "Madem öyle yarın görüşürüz." Arkasından baktım. Kaldığım evin hemen karşısındaki asmalı eve girdi. Adam meğer komşummuş.

İçeri girmeden önce, evin arka tarafında kalan avluya baktım. Site evleri kimi noktalarda birbirlerine yakınken bazı noktalarda avlu oluşturuyor ve mesafeler artıyordu. Avlunun ortasında etrafı sarmaşık ve otlarla kaplanmış bir yapı vardı. Başta çok düşünmemiş, sitenin trafosu ya da onun gibi bir şey olacağını farz etmiştim. Biraz yaklaşıp, sarmaşıkların arasından eski yığma taşları görünce antik kente ait bir harabe olduğunu anladım. Harabeler Sitesi basbayağı antik kentin içine kurulmuştu.

4.

Ertesi gün sadık bir emir eri gibi verilen saatte, söylenen adresteydim. Sitenin tam ortasında bulunan açıklıktaki geniş çardakta toplaşan insanlar vardı. Ne için çağrıldığıma dair hiçbir fikrim olmaksızın temkinli adımlarla çardağa yöneldim. Yeni insanlarla en ufak bir kaynaşma niyeti taşımayan hatta görünmek dahi istemeyen biri için cehenneme doğru adım adım ilerliyormuş gibiydim. İçimdeki, sık sık esir düştüğüm, çocuksu merak olmasa çoktan geri basmıştım.

Beni bu bilinmeze davet eden komşum yaklaştığımı görünce, düzen almaya çalışan güruhtan ayrılıp koşar adım yanıma vardı. Usulca koluma girdi, adımlarını iyice yavaşlatarak düşük bir tonda konuşmaya başladı.

"Bak şimdi, ben ne dersem diyeyim bize oy vereceksin, tamam mı? Çok basit. Başka bir beklentimiz yok senden." *Beklentimiz mi?* diye geçirdim içimden. Çoğul konuşuyordu. Merakım iyice kamçılandı. "Biraz münakaşa yaşanacak, sonra oylama yapılacak, sen yeri gelince elini kaldıracaksın, kâfi... Anlaşıldı?" Anlaşılmıştı. Sitenin olağan toplantısına davetliydim. Hangi sıfatla henüz bir fikrim yoktu ama "Olur," dedim. Zaten yapacak başka pek bir işim de yoktu.

Çardağa varmadan durdu, arka cebinden bir kağıt parçası ve bir kalem çıkardı. Güruhun görüş açısını kapar gibi önüme geçti. "Hah bir de şuraya bir imza atarsan tamamız."

Şimdi daha da sessiz konuşuyordu. "Dur ya, adın ne senin? Hiç sormadım bile..."

"Mert," dedim. Adımı ve soyadımı işaret ettiği yere hızlıca yazıp altına imzamı attım.

"Hah, hadi gel yerimizi alalım, başlayacağız birazdan."

Adını hâlâ bilmediğim komşumun yanındaki boş plastik sandalyeye bıraktım kendimi. Elimle örttüğüm muzır bir sırıtış vardı yüzümde. Şöyle bir göz gezdirip ortamdaki tiplemelere baktım. Güruh kendi içinde iki gruba ayrılmış gibiydi. Beyaz plastik sandalyeler de ortalarında bir alan oluşturacak şekilde Avam Kamarası gibi karşılıklı dizilmişti. Toplam yirmi kişi ya var ya yoktu. Çoğu komşumun yaş grubundan, kimisi daha genç, birbirinden çok ayrıksı durmayan, pek kapsayıcı olmasa da yazlıkçı panoraması sunan bir insan topluluğuydu karşımdaki. Muhtemelen hepsi çektiğim diziyi ezbere biliyordu. Ama adımın sanımın burada bir önemi yoktu. Bununla ilgili bir sorunum da yoktu.

Yerimi aldım. Komşum, çevresine oturan diğerleriyle fiskos ediyordu. Bir site toplantısından çok münazara ortamı kuruluyor gibiydi. Rakip takım da karşımızdaki sandalyeleri doldurmuştu. Son hazırlıklar yapılmadan önce takımımı daha iyi tanımam gerektiğini düşünerek kendi tarafımdaki tipleri süzdüm. Herkes kendinden emin gözüküyordu. Ben de oturuşumu dikleştirdim.

Karşı tarafın tam merkezinde, gözlerini bize dikmiş, bilmiş bakışlarıyla bir adam oturuyordu. Söz almak ister gibi boğazını temizlediği sırada komşum yerinden fırlayıp imzaladığım kağıdı adamın önündeki sehpaya koydu.

"Bu arkadaş Nergis Hanım'ın vekili olarak katılıyor. Oyları ona göre sayın."

Şimdi de vekil olmuştum. Sırıtışımın suratımda iyice yer ettiğini hissettim. Komşumun hemen yanında oturan kadın öne eğilip merakla yüzümü süzüp "Merhaba, Füsun ben," dedi. Güneşin kavurduğu, kopkoyu tenli bir Akdenizli yüzü vardı ve yüzüne kalın gözlükleri eşlik ediyordu. Ellilerinde, kısacık kesilmiş saçları, elimi sıkarken dudaklarının arasına sıkıştırdığı sigarasıyla dişli ve karizmatik birine benziyordu. Kendimi takdim edecektim ki "Konuşuruz sonra," diyerek önüne döndü. Aksansız, büyük şehirli bir konuşması vardı. Etrafıma karşı hissettiğim yabancılığı bir nebze de olsa aldı üstümden.

Hemen karşımızdaki adam komşumun önüne bıraktığı kağıdı hızla inceledi, katlayıp deri kaplı defterinin arasına yerleştirdi. Sessizlik sağlamak istediğini belirtir bir el hareketinden sonra lafa girdi.

"Öncelikle bu yılki Harabeler Sitesi olağan toplantısına katılım sağlayan tüm sakinlere teşekkür ederim. Bu arkadaşımızın da katılımıyla..." Hem eli hem gözleri beni işaret ediyordu, "Yirmi iki hane toplantıda mevcut bulunmaktadır. Kayıtlara geçsin. Önceden tarafınıza tebliğ edildiği için gündem konularımızın üstünden geçmeyeceğim." Bana tebliğ edilen bir şey yoktu. "İlk gündem maddemiz site girişinde bulunan duş kabinlerinin yenilenmesi. Bunun için ihtiyaç duyulan nakit ayrılmış ve gerekli yerlerden teklifler alınmıştır. En uygun teklif Nazif Tesisat'tan alınmış olup, duş kabinlerinin yenilenmesine sezon bitiminde başlanacaktır."

Tane tane, kasıtlı yüklenmiş gibi hissettiren stresli bir tonu vardı konuşmasının. Çilekli pasta tarifi dahi veriyor olsa karşındakini gerebilecek potansiyeldeydi. Konuşurken verdiği eslerde, uzaklardan gelen çocuk ve rüzgârda hışırdayan palmiye seslerini duyuyordum.

"Bir diğer konu... Ki hepimiz mutabıkız sanırım... Aidatlarını ödemeyen site sakinlerine ihtarname çekilmesi. İtirazı olan var mı?"

Komşum ve tarafımda oturanlara baktım, itiraz eden yoktu. Elimi yerinde tuttum.

"Güzel. Gelelim bir diğer konuya. Site içi aydınlatmanın yenilenmesi. Biliyorsunuz bu iş yarım kaldı..."

"Oraya bir nokta koy bakalım Nezih!" Komşum ani bir çıkış yaparak, sitenin yöneticisi olduğunu artık anladığım adamın sözünü kesti. "Bir kere bu işlem usulsüz. Kış vakti, topladığın beş kişinin onayını alarak giriştin bu işe, hâlbuki sitenin en az %51'nin onayı gerekirdi. İkincisi, çok affedersin ama yeni aydınlatmalar bok gibi! Hem kalitesizler hem de beyaz ışık ne yahu? Eskilerinin bir ambiyansı, bir orijinalliği vardı. Bu yenileriyse bayağı askeri üsse çeviriyor siteyi. Hangi birimize sordun, hangi birimizden izin aldın da kendi üç kuruşluk zevkine güvendin, sorarım!" Komşum dişli biriydi belli ki. Hem kelimelerini dikkatli seçiyor hem de tonlamaları iyi kullanıyordu. Hesapsız iş yapmayacak birine benziyordu. "Eski ışıkların nesi vardı? Ne gerek vardı da değiştirdiniz? Biz bizim tarafın eskisi gibi kalmasını istiyoruz!"

"Bakınız Sinan Bey..." Demek komşumun adı Sinan'dı. "Öncelikle lütfen birbirimize hitap ederken beyi, hanımı eksik etmeyelim. Eski ışıklar anca kendini aydınlatıyordu. Akşam vakti önünü iyi göremeyenlerimiz var. Sıkıntı yaratıyorlardı. Bu konuyu lütfen artık yokuşa sürmeyin. Yahu, masraf çıkmasın diye Bekir'le beraber kendi ellerimizle çektik kablolarını." Çardağın direğine yaslanmış, sakince toplantıyı izleyen şapkalı adamı gösterdi. Adamın hâlinden sitenin bekçisi ya da bahçıvanı olduğunu veyahut iki işi birden yürüttüğünü çözmek zor değildi.

"Nezihcim, pardon Nezih Bey, bize mi sordunuz çekerken kabloları? Al bak sitenin yarısı bu hilkat garibesi lambaları istemiyor. Burası babanın çayırı değil, kafana göre öyle çevre düzenlemesi yapamazsın."

"Sinan Bey, Sinan Beeey..." İkincisini biraz uzatarak söyledi. "Çevre düzenlemesi konusuna hiç girmeyelim isterseniz." Yöneticinin yüzünde sinsi bir bakış belirdi. Başını hafifçe öne eğmiş, gözlerini komşuma dikmişti. "Yoksa ne asmanız kalır ne bahçeniz." İkili arasında giderek yükselen tansiyon hoşuma gitmişti. Ne de olsa tansiyonun başkentinden geliyordum. Mesleğim de zaten tansiyonun sözlük anlamıydı. Gurbette memleket lezzetlerine aç birinin lıkır lıkır şalgam içip oh çekmesi gibi çektim içime o gerilimi. Yaslandım arkama. Kimin nereye kadar el arttıracağını merak ediyordum.

"Nezih Bey, isterseniz müze müdürünü çağıralım siteye, tek kararla o özene bezene yaptırdığınız pergoleleri tek tek yıktırsın, ne dersiniz? Benim bağıma, bahçeme pek karışacağını da sanmıyorum." Konuya hâkim değildim ama komşum kozlarını iyi kullanan biriydi sanki.

Komşuma yanıt yöneticinin hemen arkasında oturan kadından geldi. "Sinan Bey Allah aşkına pergoleleri gündeme getirmeyin lütfen artık! Sitenin yarısı yaptırdı, sizin tarafta bile yaptıranlar var! Tadımız, keyfimiz kaçmasın artık şu saatten sonra. Lütfen, rica ediyorum!" Keskin bir sesi, sazı eline aldı mı çevresine azap çektirebilecek bir tipi vardı.

"Havva Hanım, ben de bunu diyorum işte. Tadımız, keyfimiz kaçmasın diyorum. Her şeye beraber karar verelim diyorum. Üç-beş kişi kendi arasında karar alıp, kafasına göre iş yapmasın diyorum. Anladınız mı beni?"

Havva Hanım önce Sinan Bey'den hiç hazzetmediğini belirtir bir şekilde yüzünü ekşitip yana çevirdi sonra da "Nezih Beyciğim, sizin de Bekir'in de ellerinize sağlık. Ben şahsım adına gayet memnunum yeni ışıklardan. Gençler..." dedi bir süre duraklayıp "Pek hâlimizden anlamayabilirler." Şimdi elini benden tarafa doğru sallayıp konuşuyordu. "Biz yaşlanıyoruz artık. Sinan Bey sizin gözleriniz iyi görüyor olabilir ama herkesi kendiniz gibi düşünmeyin."

Hızlı bir gözlemle site nüfusunun ağırlıklı altmış yaş üstünden oluştuğunu anlamıştım. Zaten yeni bir site olmadığı da aşikardı. Muhtemelen bu insanlar uzunca bir süredir dertleriyle birlikte, hep beraber yaşlanıyorlardı.

"Ayrıca, hiç tanımadığımız birini alıp site toplantısına getirmeniz de çok ayıp bunu da belirtmiş olayım. Nezih Beyciğim bu sözümü bunu da toplantı notlarınıza lütfen ekleyin." Havva Hanım –ciğim ve –cığım'larla işlerini görebilen biriydi belli ki.

"Sinan, bu pergole konusunu geçelim, boş ver," diyerek komşumu teskin etti az evvel tanıştığım Füsun. Anlaşılan pergole konusu herkesin hassas noktasıydı, komşumun dostları için de.

"Tamam, o zaman teklifim şu; sitenin bizim tarafına dokunulmasın, yeni lambalar yapıldığı kadarıyla, eski lambalar da olduğu gibi kalsın. Ne dersiniz, oylayalım mı Nezih Bey?"

"Bence nefis fikir Sinancım!" diye arka çıktı Füsun Hanım.

"Hay hay, olur Sinan Bey. O hâlde, Sinan Bey'in önerisini kabul edenler lütfen el kaldırsın." Karşımda oturan kimse el kaldırmadı. Buna karşılık çardağın benim oturduğum tarafında tüm eller havadaydı. Benimki hariç. Tüm gözler de üstümdeydi. Bunu fark etmemle kendimi role kaptırmaya karar verdim.

"Nergis Hanım ile bu konuyu konuştuk. Kendisinin aydınlatma sistemiyle ilgili özellikle talimatı var, kesinlikle evinin yakınına konmasını istemiyor bu lambaların. Bu sebeple Nergis Hanım adına Sinan Bey'in önerisini kabul ediyorum," dedim ve hızla elimi kaldırdım. Komşum mutluluğunu omzuma indirdiği şaplakla gösterdi. Yönetici hızla elleri saydıktan sonra söz aldı.

"Tamam, ret oylarını saymaya gerek yok... İstediğiniz gibi olsun Sinan Bey, site içi aydınlatma sistemleri yenileme çalışması bir sonraki olağan kurula kadar durdurulmuştur. Yapıldığı kadarı ise baki kalacaktır." Yöneticinin ekşiyen yüzü gözümden kaçmadı. İçine düştüğüm bu ortamdan garip bir haz almaya başlamıştım.

"Sinan Bey akşam vakti bizim aydınlık taraflarda gezinirken görmeyelim ama sizi," diye alaycı bir tonda seslendi Havva Hanım. "Sen de kusura bakma evladım," dedi bana bakarak. "Yabancısın bu ortama ama sitenin bizim tarafıyla sizin taraf pek anlaşamaz da. Nergis Hanım herhalde bunu da iletmiştir sana." Meselenin özü anlaşılmıştı. Kutuplaşmanın kol gezdiği bir siteye düşmüştüm. Gerçi hangi site, hangi apartman böyle değildi ki? *Toz Duman*'da bile emniyet içerisinde kutuplaşma vardı. Tamam kurguydu belki hepsi ama ilhamımızı gerçek hayattan alıyorduk nihayetinde.

"Haa, gezinmek demişken Havva Hanım, bana başka bir konuyu hatırlattınız, teşekkür ederim." Komşum atağa geçecekti belli ki. "Anneniz, avokado ağacının yolunu bulmuş. Muhterem, belli ki midesine de pek düşkün. Görmesem, uyarmasam ağaçta avokado bırakmayacaktı. Maşallah sitenin bütün meyvelerini de topluyor. Elinde dolu dolu poşetler geziniyor ortalıkta. Ya bari portakalların olgunlaşmalarını beklese! Toyundan koparıyor hepsini."

"Sitenin derdi yetmedi anama mı sardın be terbiyesiz!" Havva Hanım şimdi yerinden fırlamış çardağı inletiyordu.

"Hâşâ, Havva Hanım. Meyvelerin hepsi annenize helal olsun. Benim derdim annenizle değil, derdim paylaşmak. Yıllardır söylüyorum, sitedeki tüm meyve ağaçlarından hep birlikte istifade edelim diye. Kimse kimsenin hakkını yemesin.

Hatta hatırlarsanız geçen kurulda yine gündeme getirmiştim. Bekir meyveler çıktıkça toplasın, o sırada sitede mevcut ailelere eşit şekilde bölüştürerek dağıtsın. Bu kadar basit. Hadi gelin bu fikri de oylayalım? Ne dersiniz?"

Fena fikir değil diye düşündüm. Yöneticinin derin bir iç çektiğini gördüm. Adamın Sinan'dan, hatta belki bizim tarafta oturan diğerlerinden hoşlanmadığı belliydi ama gerginliğin tırmanmasını da istemiyordu. Kim bilir belki de kalbi falan vardı. "Sinan Bey, bu konuyu, büyük sorun yaratacağını bile bile ısrarla gündeme getiriyorsunuz. İnsaf! Alman burada değilken, hele hele Nalan Hanım burada değilken bu konuyu oylayıp kapatamayız. Kendi ektikleri meyve ve sebzelerle ilgili ne kadar hassas olduklarını biliyorsunuz. Kavga çıkar."

"O iş yaş Sinan abi, biliyon sen de... Almanla, Nalan aplayla uğraştırma beni şimdi..." Bekçi meselenin kalbinden konuşmuş gibiydi. Koyu bir yöre şivesi vardı. Hızlı, kelimeleri yuvarlayarak ve yutarak konuşuyordu.

"Tamam, tamam. Uzatmayacağım. Ama siz de olgunlaşmamış meyveleri koparmaktan vazgeçin. Biraz da insaflı toplayın, yangından mal kaçırır gibi yolmayın ağaçları. Hele avokado ağacından herkes lütfen ihtiyacı kadar alsın. Ağacı ben ekmedim, kim ekti onu da bilmiyorum, ama gözüm gibi bakıyorum ona."

"Madem ağaç dedik..." Yönetici kendi aralarında konuşanları susturmak için elini kaldırdı. "Sitenin rögarlarını tıkayan palmiyelerin kesilmesi konusu..."

Bu sefer arkamda, otuzlarının başlarında bir erkek söz aldı. "Nezih Bey bu konuda benim ve ailemin ne düşündüğünü biliyorsunuz. Hiçbir koşulda evimizin önündeki palmiyenin kesilmesine izin vermeyeceğiz."

"Bakınız İzzet kardeşim, yaşınız genç, inşaat işinden de pek anlamıyorsunuz belli ki... O palmiyelerin kökleri evinizin klozetinden baş verdi mi her şey için çok geç olur. Evi boşaltır kaçarsınız, arkanızdan biz temizleriz pisliği." Yönetici, genci kıstıracak gibiydi. "Biz ağaç düşmanı değiliz. Ama palmiyeler yanlış dikilmiş, rögarların dibinde hepsi. Başka yolu yok bu işin. Çözülmesi şart!"

Komşum da bu konuda bir süre sessiz kaldı. Çenesini sıvazlıyor, bir çıkış yolu arıyor gibiydi. Birkaç yıl önce benzer bir bela Bodrum'daki sitemize de musallat olmuş, babam ne yapıp ne edip bir yolunu bulup ağaçları kestirtmemişti. Bir tesisat firmasıyla anlaşmış, firma borulara saldıran kökleri, uzun uğraşlar ve tuhaf aletlerle tıraşlamış, boruların da etrafına koruyucu malzeme döşemişti. Söz isteyip site sakinlerine bu çözümü ballandıra ballandıra izah ettim. Sakinler şaşkın, sakinler meraklı, gözler üstümdeydi. Kendimi role kaptırdıkça konuştum, konuştukça açıldım. Konudan konuya atlayarak, uzun uzun Torba'daki sitemizle burayı kıyasladım, ardından Nergis abla ile olan tanışıklığımı, onu nasıl da sevdiğimi ve onun da bana nasıl her konuda güvendiğini anlattım. Nergis abla gözü kapalı vermişti vekillik görevini bana. Bunun da altını özellikle çizdim.

Siteyi parmağımda oynatma hissinden muazzam bir zevk alıyordum. Böyle abartılı el kol hareketleri ve mimikler eşliğinde gelişine konuştuğum anlarda kalabalıkları etkileyebildiğimi biliyordum. Yani, sonuçta yirmi yıldır dizi setlerinde çalışan, işinin ehli de bir yönetmendim. Kitle yönetmek, hatta gerektiğinde manipüle etmek nedir benden sorulurdu.

Gerçi Harabeler Sitesi sakinlerini ne denli etkilemiştim bilmiyorum ama sitemizdeki palmiyelerin nasıl da heybetli gövdeleriyle hâlâ güzellik saçtıklarını anlattığım sırada komşum "İşte!" diye bağırarak sözümü kesti. "İşte," dedi bana doğru dönerek "her sorunun bir çözümü var arkadaşlar."

Bana hayranlık dolu bir bakış atıp, zafer kazanmış bir komutan edasıyla Nezih Bey'e döndü. "Sanırım bu konuyu da tatlıya bağlayabiliriz böylelikle değil mi sayın başkan?"

"Konuyu araştırır, teklif alır, tekrar değerlendiririz..." gibisinden geçiştirir bir yanıt verdi.

Palmiye ve rögarları, yaklaşan Kurban Bayramı'nda kurbanlıkların kesim yerlerinin belirlenmesi, site civarında toplanmayan çöpler ve belli ki bitmek tükenmek bilmeyen elektrik kesintisi sorunları takip etti. Kırk hanelik şu sitenin koca dünyadan daha çok derdi var gibiydi. Dünyayı uzaylılar da istila etse, ölümcül bir salgın da patlak verse, beklendiği gibi bir üçüncü dünya savaşı da çıksa bu insanlar oturur yine kendi dertlerini tartışıyor olurlardı. Kuytularda hayat biraz da böyle. Felaket senaryoları şehirlere, kalabalıklara has.

Bir süre sonra kötü bir piyes kıvamında ilerleyen toplantıya ilgimi kaybettim. Aklım dün uzaktan gözüme kestirdiğim antik kente ve çardağın açıklığından göz ucuyla gördüğüm gökyüzüne kayıyordu. Gökyüzünün o denli mavi olabileceğini o güne kadar fark etmemiştim. Baktıkça, düşündükçe içinde kaybolacak gibiydim. Konuşmalar, münakaşalar boğuklaştı. Konuları dinlemedim ve sadece gerektiğinde elimi kaldırdım. Tek isteğim mavi gökyüzünün altında antik kente gidip keşfetmek ve ihtiyaç duyduğum ilhamı orada aramaktı. Bir yandan rüzgâr artmış, çardakta dizilmiş bizlerin saçlarını uçuşturuyordu.

Toplantı bittikten sonra komşumla beraber evlerimize doğru yürüdük. Yol boyunca bana şükranlarını sunup, Nezih Bey'i nasıl da alt ettiğimizi kahkahalarla anlattı. Gökten bir nimet gibi düşmüştüm kucağına, öyle dedi komşum. Nezih Bey ile aralarındaki, hatta siteyi resmen ikiye bölmüş gibi gözüken husumetin köklerini merak etsem de site sakinleriyle bugünlük bu kadar kaynaşma kafiydi.

İki evin arasında, tam ayrılacağımız noktada komşum "Mert" dedi "bugün nefis iş çıkarttın be. Bunun karşılığını vermezsem olmaz." Bakışları çimlere odaklanmıştı. "Hem bir teşekkür hem de bir hoş geldin yemeği mahiyetinde seni salı akşamı yemeğe bekliyorum. Nefis bamya tarifim var. Hem sana bahçemi de gösteririm. Geç kalma, saat altıda bende ol. Haydi sağlıcakla!" Yanıtımı duymadan gitti.

5.

Rüzgâr dinip güneş ortalıktan çekildiğinde, aklımı fena hâlde meşgul eden antik kenti gezmek üzere yola koyuldum. Öncesinde Deniz'i aradım. Hem teşekkürlerimi hem de sitelerine dair ilk izlenimlerimi ilettim. Evde sıcak su olmadığını ve ustaların yeni su deposu takmaya geleceğini öğrendim. Site sakinleri ve komşumla yaşadığım toplantı faslını anlattım. Yorumu bayılır onlar tantanaya idi. Biraz da civara, antik kentte nereleri gezmem, neleri görmem gerektiğine dair tavsiye aldım. Dostum, biraz da aynı teraneyi kim bilir kaçıncı kez anlatmanın sıkıntısıyla, ezbere birkaç tüyo verdi. Ama en çok antik kentin ucundaki mekâna gitmemi tavsiye etti. Yamaç yolu takip edip, surlardan geçmem ve kayalık burnun ucuna dek giden dar yoldan gitmem yeterliydi anlattığına göre. Mekânın adı *Caretta Bar*'dı. Filmim için aradığım ilhamı antik kentte bulacaktım. İçimde öyle bir his vardı. Bu arayışı deniz kenarında bir birayla taçlandırma ihtimali ise hiç de fena değildi.

Sitenin arkasındaki asfalt yoldan birkaç kilometre yürüdükten sonra ören yerinin resmi girişine vardım. Giriş, bir otopark, Kültür ve Turizm Bakanlığı'na ait bir müştemilat ve kentin tarihini anlatan paslanmış bir tabeladan ibaretti. Ortalığın başıboş bir hâli vardı. Hızla tabelaya göz gezdirdim. Kommagene Uygarlığı, deprem, korsanlar, M.Ö. 400, M.S. 400, çeşitli Yunan tanrılarının isimleri ve Hristiyanlık gibi ülkenin birçok ören yeri tabelasında rastlayabileceğiniz kelimelerle doluydu.

Bulunduğum yer hafif tepelikti. Buradan o güzelim sahili ve yayıldığı alanı daha net görebiliyordum. Tepelerden deniz kıyısına kadar uzanan harabelerin batan güneşin altında uzayan gölgeleri terk edilmişliğin hüznünü boca ediyordu üstüme.

Şehrin girişi, yamaç boyunca gelişi güzel, altlı üstlü dizilmiş küçük yapılardan oluşuyordu. Deniz'in de anlattığı üzere burası *nekropol* alanıydı. Ölülerin bir arada, mutlu mesut yaşadığı yer. Bu küçük yapılar kemerli bir kapı boşluğu, dört duvar ve duvarlardaki küçük pencere deliklerinden ibaretti aslında. Bu yapıların arasında, diğerlerine nazaran daha irice olanları öne çıkıyordu. Bunlar eski kiliselerdi. Ya da bir zamanların tapınakları. Tabelalar öyle diyordu. Yöre halkı dünya tarihinin akışına kafa tutamayarak bir noktada eski tanrılarından vazgeçmiş, Hristiyanlığı yeğlemişti. Neden ve nasıl bilinmez, eski tanrıların kıçına tekmeyi basıp, İsa Mesih'in çileli yolundan yürümeye karar vermişlerdi. Tapınaklar kiliselere dönüşmüş, eski tanrıların yüzleri ve isimleri tek tek silinmişti.

Ana yoldan sapıp, bayırdan yukarı çıktım ve bir süre nekropolisin içine daldım. Mezarların arasında dolanıp, izbe, karanlık ve kasvetli kalıntıların içine kafamı uzattım. Duvarlarda ağustos böceklerinin ve rüzgârın kısık sesi vardı yalnızca. Ara ara, uzaklarda kendi aralarında konuşan, gülüşen turistlerin ve arazide çalışan arkeoloji ekibinin sesi vardı belki bir de... Bir ara önü demirliklerle kapatılmış bir mezara denk geldim. Tavanı iki Medusa başı mozaiği süslüyordu. Mezarlar böyleyse evler nasıldı diye düşündüm. Bu soğuk taştan duvarlar arasında nasıl bir aşk hayatları vardı? Nasıl kur yapıyor, nasıl sevişiyorlardı? Düşünmeden edemedim.

Böyle ipe sapa gelmez sorularla gezindim nekropolde. Ta ki tüm şehri tepeden görebileceğim bir noktaya varıncaya dek. İşte böyle bir manzarayla karşılaşınca hayal gücü *dur!* diyor beyne. Direksiyona geçmek istiyor. Zihnin gördüğüyle yetinmesine içi el vermiyor. Bir fabrika gibi çalışmaya başlıyor. Korteks gümbür gümbür. Bacalarından duman tütüyor, çarklar dönüyor, alevler harlanıyor. Çünkü zihnin yardıma ihtiyacı var. Çünkü manzara ne kadar görkemli olursa olsun gerçekte neye benzediğini zihin bilmek zorunda! Bunu da hayal gücünün yoksunluğunda beceremez. Hayal gücü çalışıyor. Hesap yapıyor. Tasarım yapıyor. Kendince beynindeki bilgi dağarcığından veriler toplayıp bir araya getiriyor. Kapasitesini aşma pahasına zihne buraların zamanında nasıl olabileceğine dair görüler gönderiyor.

Böylece tüm harabe kent gözümün önünde cıvıl cıvıl, rengarenk bir şehre dönüşüyor. Tunik giymiş insanlar sokakları doldurmuş, çocuklar adını bilmediğim oyunlar oynuyor. Ana caddeden, altın kakmalı at arabaları ve güneşin altında parlayan takılarıyla soylular geçiyor. Pürüzsüz mermerlerle döşenmiş limana demirlemiş koca bir yelkenli var, güvertenin iki yanından kürekler sarkıyor. Limanın hemen önündeki pazar yerine Akdeniz'in farklı kıyılarından çeşit çeşit ürün girip çıkıyor. Bilmediğim bir lisanda birbirlerine sesleniyor insanlar. Hamamlar tıklım tıkış. Surlarda gezinen askerler, üzerinde tüylerden bir şerit taşıyan miğferleri, kalkanları ve mızrakları var. Ama herkes gibi onlar da mutlu. Ağır işlerde çalışan, köle kılıklı insanlar bile mutlu! Bunu anlamak için yüzlerini görmeme gerek yok. Burada yaşayan herkes mutlu. Biliyorum çünkü herkesi mutlu kılan benim hayal gücüm.

Hayal gücüm bununla meşgulken benliğim ise zaman yolculuğu yapmak istiyor. Tek istediği şey hayal gücü mahsullerinden sıyrılıp bir cihazla o çağa ışınlanmak. Zamanın kokusunu almak, lezzetlerin tadına bakmak istiyor. Tadına bakmak... Lezzetler... Bamya...

Yıllar önce Rodos kalesinin girişinde bir arkadaşıma *zaman yolculuğu olsa hangi çağa gitmek isterdin?* diye sormuştum. Hiç düşünmeden: "*Seksen yıl öncesine bile gitmek istemem. 1940'larda diş ağrısı çektiğini bir düşün istersen. Ben gayet iyiyim kardeş bu çağda,*" diye yanıtlamıştı. Hayal âlemi ve anılar arasında ışınlanırken aniden zihnimde bir fikir belirdi. Durdum. Fikrin iyice filizlenmesine müsaade etmek için bir taşın üstüne çöktüm. Elle tutulur düşünceleri telefonuma sesli kayıt aldım. Beynim otoban gibiydi. Fikirler saatte 220 km süratle gidip geliyor, haftalardır süren fikir kabızlığım geçiyordu. İlk filmimin iskeleti seri bir şekilde oluşuyor, her hoşuma giden fikirle birlikte içim kıpır kıpır oluyordu. Dağınık ve etrafa saçılmış vaziyette de olsalar benden çıkıyorlardı. Karakterler, olası replikler, zaman, kurgu... Üstüme yağıyordu hepsi. *Toz Duman*'ın içimde yarattığı boşluk az da olsa doluyor gibiydi.

Bir süre sonra ayaklandım, kıçımdaki tozları temizleyip şehri biraz daha keşfetmek üzere harekete geçtim. Motiveydim ve harabelerin bana vereceği esinlere muhtaçtım. Ana yola inip nekropolü hızla tamamladım. Bu alanın bitiminde kalın bir duvarın izleri görülüyordu. Öte tarafında daha büyük ve geniş yapılar başlıyordu. Gymnasium, bazilika, amfi tiyatro, odeon ve hamam gibi binalar genel hatlarını günümüze kadar korumuştu. Kimi yerlerde pleksiglasların üstünde yürüyerek altındaki mozaikleri tüm detaylarıyla görebiliyordunuz. Mozaikler balık, çiçek desenleri ve geometrik şekillerden ibaret olsa da yansıttığı çaba ve sade güzellik beğeninizi kolayca kazanıyordu. Üzerinden iki bin yıl geçmiş olsa da insanoğlunun birbirine yakışan iki şeyi sadece yan yana koyması bile gönlünüzü çelmeye yetiyordu.

Kenti dolanırken senaryo üzerine düşünmeye devam ettim. Dokuz yüz kişilik olduğu söylenen odeonun basamaklarında uzun süre oturup yıkık ve boş sahneye baktım. Bir zamanlar burada atılan nutukları, tiratları, söylenen şarkıları düşledim. Belki korku dolu bir savaş ilanını... Bu basamakları bir zamanlar dolduran insanların birbirlerine attıkları sessiz bakışmaları... Bazıları şehvet dolu, kimi kin yüklü... Basamakların altında tonozlu koridorları gezindim. Koridorlarda iki bin beş yüz yıl öncesinin fısıldaşmalarını duyar gibiydim.

Odeondan çıktığımda güneş artık tepenin ardına düşmüş, karanlık çökmek üzereydi. Deniz biraz kabarmış, dalga sesleri rüzgârı bastırır olmuştu. Ya eve dönecektim ya da Deniz'in şu bahsettiği yere bakacaktım. Mekânın ışıkları uzaktan görünüyordu. Neden olmasın dedim. Ayaklarımın da o yöne gidesi vardı.

Deniz'in tarif ettiği üzere kentin burun yönündeki çıkışına doğru yöneldim. Surdaki kapıdan geçtim. Patika deniz seviyesinden yukarı doğru kıvrılarak devam ediyordu. Aşağıda kayalıkları döven dalgalar mekâna giden yolu iyice gizemli kılıyordu. Havaya ölmez otu, kekik ve iyot karışımı tılsımlı bir koku hakimdi. Az daha ilerledikten sonra mekânın girişi belirdi. Sarı ampullerle aydınlatılmış tabelada *Caretta Bar* yazıyordu. Barın girişine konmuş derme çatma kara tahtanın üstüne çarpık çurpuk harflerle *bira, patates, gözleme, çay, neskafe* gibi şeyler karalanmıştı.

İçeri girip her yabancının yapacağı gibi ortama bakındım. Etrafı ahşap çitlerle çevrili, bar kısmı dışında çatısız, zemini ahşap döşemeli bir yerdi Caretta Bar. Mekânın dört köşesindeki direklerin arasında kır düğünlerindeki gibi renkli ampuller asılıydı. Ortalığı tatlı ve loş bir ışık aydınlatıyordu. Bir taraf uçurum ve denize, diğer taraf ise yamaca bakıyordu. Bar kısmı da ortama yaraşır şekilde tamamen ahşaptan yapılmıştı. Barın üstünü kuru palmiye yaprakları örtüyordu. Mekânın kapladığı alan büyük değildi. Belki *geniş bir evin salonu çarpı iki* kadar. Caretta Bar'ın müzik tercihi atmosferik, dingin diyebileceğim, ruhumu okşayan cinstendi. En azından bugünlük öyleydi. Geniş aralıklı masalarda pek oturan yoktu. Oturanlardaysa tatlı bir dinginlik hâli vardı. Savaşa sürüklenen dünyadan ayrışmanın verdiği hafifliği birbirlerine fısıldıyor gibiydiler. Sanki radarlardan, uydulardan, kameralardan, gözlerden saklanmıştı burası.

Denize bakan tarafta bar tabureleri ve uzun bir bar tezgahı vardı. Çok göze batmamak için bankoya yöneldim ve taburelerden birine çöktüm. Kısa bir süre sonra genç bir çalışan yanıma gelip ne istediğimi sordu. "Bira," dedim ve elimle kulp tutar gibi yapıp "Arjantin," diye ekledim.

Ağustos sıcağı kendini hissettirse de gün boyu esen tatlı rüzgâr ve denizin serinliği sayesinde insanlar üzerinde hakimiyet kuramıyordu. Hatta bu diyara geldiğimden beri neredeyse hiç terlememiştim bile. *Harikulade* diye geçirdim içimden ve biramdan keyifli bir yudum aldım. Şimdi antik kentte dolanırken kafamda birbiri ardında patlayan fikirleri dizginleyip bir sıraya sokabilirdim. Öyle de yaptım. Hikâye kafamda tam netleşmiş ve Arjantin'in de dibini görmüşken omzuma bir el dokundu.

"Abi selamlar, siteden İzzet ben. Bugün tam arkanda oturuyordum, hatırladın mı? Kusura bakma rahatsız ettim."

"Yo, mühim değil. Hatırladım tabii ki. Şu palmiyelerle ilgili mevzuyu sen açmıştın değil mi?"

"Hah, aynen abi. Ya rahatsız ettim ama ne güzel, iyi ki vardın ya toplantıda. Güzel çözüm önerisiydi, bir ara daha detaylı konuşalım isterim. Sitemizin de kusuruna bakma, bizde herkes biraz antika. Nerden düştük bu delilerin arasına demişsindir. Neyse hem teşekkür edeyim dedim, Nezih

Bey'i güzel alt ettik bugün sayende, hem de müsaitsen masamıza davet edeyim dedim. Arkadaşlarla demleniyoruz. Seni de yalnız görünce..."

Nezih Bey belli ki sitede birçok kişinin canını sıkıyordu. İzzet'in davetini geri çevirmeyi düşünsem de nasıl desem, şeytan dürttü, *olur* dedim. Tek başıma keyfim yerindeydi hâlbuki. Karanlıkta, varlığını kanıtlamaya çalışır gibi ses çıkaran denize doğru bakıp filmimi düşünüyor, hayal aleminde keyif çatıyordum. Şöyle bir dönüp buyur ettiği masaya baktım. İzzet dışında bir kız ve bir oğlan daha vardı. Oğlan sırıtıyordu. Kız ise davet edilmemi dert etmiş gibi kollarını kavuşturmuş, başka yöne bakıyordu. Diyorum ya, *hadi* dedi içimdeki şeytan. Ben de İzzet'lerin masaya geçtim.

Masaya oturdum. Kız yüzünü bana döndü ve dünya frene asılmış bir araba gibi durdu. Çekmek istediğim filmimin, hatta çekeceğim bütün filmlerin başrol oyuncusu, güzelliğiyle tam karşımdaydı. Hemen üstümüzden geçen Samanyolu onun güzelliğiyle titreşiyordu. Adeta antik kentin kraliçesi gibiydi. Beyaz tenine ateş sarısı saçları değerken gözleri şarkı söylüyordu. Ama romantik bir şarkı değil. Coşku, vahşet, şehvet ve hatta aynı anda kızgınlıkla şefkat vardı bu şarkıda. "Maya," dedi, soğuk soğuk. Hayatımda duyduğum en güzel isimdi. Sesindeki ayaz bile sıcacıktı.

Yanındaki diğer genç adını paylaştıysa da duymadım. Gözlerim sabitti. Bir yıldırım aşkı ya da müstehcen dürtüler değildi içimde kopan. Basbayağı bir güzelliğe duyduğum hayranlıktı bu. Zihnimin içindeki tüm billboardlara onun yüzü asılmıştı bile. Neyse ki biramı tazelemek isteyen garson beni kendime getirdi ve bakışlarımı ondan alabildim. Ben de hızlıca kendimi takdim ettikten sonra İzzet hangi rüzgârın beni buraya attığını sordu. Deniz'le olan tanışıklığımı anlattım. "Çok tatlı insandır Deniz abi, epeydir gelmedi gerçi siteye..." dedi cümlesinin sonuna bir sessizlik ekleyerek. Muhtemelen aklına Deniz'in babasının kayboluşu gelmişti. Sessizliğin sebebini anladığımı fark etmiş olacak ki "Büyük olay olmuştu sitede. Hiçbir zaman bulunamadı Ahmet Bey, çok acayip," diye devam etti. Maya'nın yanındaki delikanlıyı işaret edip "Benim birader Tarık pek hatırlamaz tabii o zamanı. Ufaktı daha o sıra." Kardeşiydi demek ki.

Tarık meraklı gözlerle bakıyordu bana. "Tatile mi geldin abi buraya?" diye sordu. Maya'yı etkilemem için harika bir pas atmıştı bana. "Tatile değil, yakında çekeceğim filmimin senaryosunu yazmak için geldim," dedim serinkanlılıkla, bardağıma bakarak.

"Yönetmen misin abi sen?" diye atıldı hemen öngördüğüm bir coşkuyla. "Öyleyim," dedim hafifçe gözlerimi kaldırıp Maya'ya bakarken. Ve yine zihnimde yüzlerce sahne patladı. Farklı makyajlar, farklı kostümler içerisinde, farklı açılardan çekilmiş Maya kareleri dönüyordu zihnimde. Ama yüzüne şimdi tekrar bakınca uzaklardan bir tanıdıklık çimdikledi beni. Anlık, eskilerden bir bilgi beynime ulaşmaya çalışır gibi yokladı. Sonra kayboldu. Ya da ben herhangi bir unutulmuş tanışıklık ihtimalini aklımdan defettim.

"Var mı Mert abi bildiğimiz, izlediğimiz filmlerin?" İzzet'in de dikkatini çekmiştim. Maya bir sigara yaktı. Kafasını yavaşça yana çevirip dumanını üfledi. Ama yüzü masaya geri dönmedi. Uzaklara daldı. Pek ilgilenmiyor gibiydi ya da öyle gözükmek istiyordu.

"Aslında filmden ziyade dizi yönetmeniyim. Uzun zamandır çalıştığım diziyi izlemişsinizdir muhakkak... *Toz Duman,*" Ağırlığımın masaya çöktüğünü hissettim. İlgileri tamamen bendeydi şimdi. Anlatmaya koyuldum. Tüm görkemiyle dizi dünyasının inceliklerini, zorluklarını, meşhur oyuncuların düştüğü komik hâlleri anlattım. Uzun uzun. İzzet'le kardeşinin hayranlık ve merak dolu bakışlarıyla kahkahaları eşliğinde ekranların görkemli evrenini önlerine serdim. Elbette derdim biraderleri etkilemek değil, Maya'nın tüm ilgisini, beğenisini toplayabilmekti. Bunu ne kadar başardığım ise muallaktı çünkü hislerini hiç çaktırmıyordu. Merhum Britanya kraliçesini bile güldürebilecek hikâyelerime verdiği belki bir iki tebessümünü yakaladım, o kadar. Ya da fazlası vardı ama tuttu kendini. Çözememiştim Maya'yı.

Masayı bu kadar esir almanın yakışıksız kaçacağını anladığım bir vakitte anlattığım hikâyeyi bağlayıp susmaya karar verdim. Biraz da onlar, daha doğrusu Maya konuşsun, bana kim olduklarını anlatsınlar istedim. Kardeşlerin anlattıkları ilginçti. Buraların yerlisiydiler. Ailecek mağara işletiyorlardı. Kaşlarım kalktı. İhaleyle devletten işletmesini aldıkları mağarada yerli yabancı turistlere bilet kesiyor, anladığım kadarıyla güzel de para kazanıyorlardı. İzzet merakımı görünce mağaranın bakımının zorluklarından ve edepsiz ziyaretçilerden bahsetti. Maya'nın onu daha bir ilgiyle dinlediği gözümden kaçmadı.

İzzet'in dediğine göre son zamanlarda mağaraya tuhaf ve karanlık tipler dadanmıştı. Mağarayı devraldıklarında zeminde boş deney tüpleri bulmuşlar, ilk başta bunların ne olduğunu anlamasalar da bir süre sonra gizemi çözmüşlerdi. Mağarada yöreye has bir yarasa cinsi yaşıyordu ve dışkıları paha biçilmez şeyler ihtiva ediyordu. "Ne gibi şeyler?" diye sorduk Maya ile aynı anda. "Atom bombası yapımında kullanılan bir çeşit madde," dedi İzzet detaya girmek istemez bir tonda.

"Tüpler ne iş?" Film izler gibi dinliyordum İzzet'i.

"Biz devralmadan önce mağaraya yabancı ajanlar ve bilim insanları girip çıkıyormuş Mert abi. Civar köylüler anlatıyor bize de. Tuhaf tuhaf adamlar. İsrailli mi, Alman mı bilemiyoruz artık... Ama biz devraldıktan sonra da gelenler oldu. Yüklü para teklif ettiler hatta, girip araştırma yapacaklarmış. Var mı bizde o göz? Kovaladık adamları, jandarmayı da aradık."

"Turist kılığında girip istediklerini alamazlar mı?"

"Ya Mert abi, olay büyük. Başıboş bırakacak değiliz herhalde mağarayı, devletimiz bize emanet etmiş sonuçta. Her yere kamera koyduk. Sabah akşam bekçi var. İşkillendiğimiz bir tip gelirse de aramızdan biri çaktırmadan onlara eşlik ediyor. Kolay değil öyle bizim mağaraya girip istediğini götürmek."

Bir gün hepimize mağarayı gezdirme sözüyle toparladı İzzet konuyu. Benimse kafamda Anadolu'daki küçük bir mağaraya bağlanan uluslararası bir espiyonaj filmi dönüyordu. Başroldeyse Maya vardı.

Muhabbetin akışı bana Maya'ya da hayatta neler yaptığını sorma fırsatı tanıdığı için hiç çekinmeden lafa girdim. Üniversite öğrencisiydi. Ankara'da İtalyan Dili ve Edebiyatı okuyordu.

"Şu an Napoli'de olmam gerekiyordu ama ailemden kazık yedim. Lisan gelişimim için burasının daha verimli olacağını düşündüler. Neyse, sonuçta hayaller gerçekleşmediği sürece birer yanılsamadan ibaret. *Punto!*"

"Aşk olsun Maya, çok mu kötü bizimle takılmak?" Tarık, Maya'nın ailesinin ona layık gördüğü yaz tatilinden duyduğu bıkkınlığa içerlemişti. Yaz tatili için teyzesi ve eniştesinin yanına, Harabeler Sitesi'ne sürgün edilmişti Maya.

"Hiç üstüne alınma Tarık. Siz olmasanız burası iyice cehennem olurdu. Derdim gerçekleşmeyen hayallerle. Ekonomik bağımsızlığıma da daha çok var maalesef."

"Ya sen İtalyanca okuyup ne yapacaksın ki, bırak Allah aşkına Maya. Bir de ekonomik bağımsızlık diyorsun."

“Oğlum sen ne konuşuyorsun bilip bilmeden? Liseyi zor bitirmiş adamsın. Hayallerin Torosların ötesini geçmez, kalkmış bir de kıza çatıyorsun.” İzzet kardeşini kolay harcamıştı. Klasik bir zıt kutuplara bakan iki kardeş hikâyesiydi bu. İzzet ömrü boyunca kardeşini eleştirecek, Tarık da hayatı boyunca her fırsatta ona kafa tutacaktı.

“Mert abi kusura bakma bizde muhabbet böyle. Kardeşin varsa bilirsin...” Yoktu kardeşim, bilmiyordum. “Neyse, Maya yabancımız değil zaten. Ufacık hâlini bilirim. Şimdi kocaman oldu tabii. İnanamadık ya bu yaz görünce.” Abilik müessesesini fazlasıyla kapsayıcı yaşıyordu belli ki İzzet. “Maya sen hatırlıyor musun bizim siteye ilk geldiğin seneyi?”

“Epey muallak bende o zamanlar İzzet abi.”

“Ya aşırı afacan ve bilmiş bir tiptin. Hababam sitedeki diğer çocukları organize edip terör estiriyordun. Tam bir elebaşıydın. Hatta bir keresinde çocukları toplayıp bana su savaşı açmıştınız. Tarık korkmuştu hatta su tabancılarından da ağlaya ağlaya kaçmıştı...” Tarık hikâyeden rahatsız olmuş gibi doğruldu sandalyesinde. Belli ki Maya’nın önünde her şeyi açık edilsin istemiyordu. “Hatta bak hatırladım şimdi, büyüyünce oyuncu olacam diye tutturuyordun. Bak fırsat ayağına kadar geldi!” diyerek beni gösterdi.

“Çocukluk hayallerimizi ciddiye alacak olsak çoğumuz bakkal, itfaiyeci, polis falan olurduk. Ayrıca hiç hatırlamıyorum öyle dediğimi. Oyuncu olmak isteyeceğimi de hiç sanmıyorum. Siz de İzzet abinin kusuruna bakmayın,” dedi bana dönerek. Biraz gerilmiş gibiydi.

İzzet konunun öznesini değiştirmek için bana döndü “Ee, abi peki sen ne yazıyorsun şimdi? Filmin konusu ne yani? Anlatsana, merak ettik.”

O esnada kendinden emin adımlarla bir kadın yanaştı masamıza. Sert yüz hatlarına gözlüklerinin ardındaki afacan gözler eşlik ediyordu. Site toplantısında tanıştığım Füsun'du gelen. İzzet kollarını iki yana açarak karşıladı onu. "Füsun abla gel katıl bize, misafirimizle tanış. Mert abi bu Füsun abla, Caretta Bar'ın sahibi, biricik ablamız." El sıkıştık. "Tanıştık," dedi. Demek buranın sahibiydi. Mekânını methettim. Masaya oturdu. İzzet kaldığı yerden devam etti. "Mert abi yönetmen. Yeni filminin senaryosunu yazmak için gelmiş bizim siteye. Deniz abinin arkadaşı, hatırlarsın Deniz'i siteden."

"Hatırlamam mı? Denizde kaybolan Ahmet abinin oğlu değil mi?"

Hep birlikte başımızı sallayarak sessizce onayladık onu. Tohumlarını henüz birkaç saat önce attığım senaryomdan bahsetmek istemediğim için mekânın hikâyesini sordum Füsun'a. Babası, yıllar önce aileye ait bu arsaya, antik kente gidip gelen turistlere çay, tost satmak için açmıştı. Babası elden ayaktan düşünce Füsun İstanbul'da işlettiği barı arkadaşlarına devrederek memleketine dönmüş ve burayı büfe, bar arası bir yere çevirmişti. Harabeler Sitesi'ndeki evleri de yaz-kış meskeni olmuştu. Şanslı sayıyordu kendini. Yeryüzünde böylesi konuma sahip çok yer yok diyordu. Kelimeleri seçerek, ağır konuşan biriydi. Buna karşılık, yüzünde sönmeyen, çekinik bir gülümse vardı.

Biraz kaynaştıktan sonra "Yahu Mert..." dedi. Sonra yanağını kaşıyıp devam etti. "Sen kesin benim eski mekâna gelmişsindir. Çok tanıdık geliyor siman." İstanbul gece hayatına mensup herkes birbirine bir şekilde tanıdık gelir. İlk defa gördüğüne emin olduğun biri bile.

"Olabilir... Sen de tanıdık geliyorsun sanki," dedim.

"Yahu, git işine hemen de oltaya gelme be adam!" dedi gülerek. Narin bir ruhu ama hırçın bir mizacı var gibiydi Füsun'un. Lakin biz ne kadar Füsun'la sohbet etmeye çalışsak da Tarık'ın sorularını savuşturamıyordum. Araya girip konuyu senaryoma getiriyor, tükettiği içkilerin de rehavetiyle bana dadanıyordu. "Mert abi hadi anlatsana yahu, filmin konusu ne?"

Göz ucuyla saatin on ikiye yaklaştığını fark ettim. Maya da masaya ve bana olan ilgisizliğini esnemelerle vurgulamaya başlamıştı. "Arkadaşlar bana müsaade. Tarık kusura bakma, filmimin konusu da bir sonraki buluşmamızın konusu olsun," dedim ve fazla yoruma mahal vermeden yeni tanıştığım bu insanların yanından hızla ayrıldım.

Güzel bir geceydi. Harika bir gündü. Müthiş bir güzellikti. Loş sokak lambalarının aydınlattığı yoldan yazlığa yürüyordum. Hesapsız bir hareketin neticesi olarak vardığım bu diyarı giderek seviyordum. İnsanlığım belki buralarda bir yerde heyecanla ona varmamı bekliyordu.

6.

Havada çilek kokusu vardı. Her rüzgâr estiğinde, ki geldiğimden beri hiç durmamış gibiydi, burnum çilek kokularıyla doluyordu.

Daveti üzerine salı akşamı komşum Sinan'a gittim. Arada geçen birkaç günde antik kentte aklıma düşen senaryo fikri üzerine çalışıp, pek dışarı çıkmadım. Bir gün siteye yedi-sekiz kilometre mesafedeki ilçe merkezine inip alışveriş yaptım ve elzem durumlar dışında bir daha gitmemek üzere oradan hızla ayrıldım. Benim gibi az da olsa estetik kaygılara sahip birine Çin işkencesi gibi bir yerdi ilçe merkezi. Sıkıldığım anlarda sahile indim, güneşlendim, yüzdüm, hayal kurdum. Aralarda, biraz meraktan, biraz sıkıntıdan ama en çok da Maya'ya rastlarım ihtimaliyle sitede turladım.

Sinopsis üzerine çalışmadığım zamanlarda da dünyanın tedirgin edici gündemini takip ediyordum. Her şey bir kıvılcıma bakıyor gibiydi. Nükleer bir savaşa ve mutlak yok oluşa sürüklenmemiz an meselesiydi. Makaleler ve haberler arasında mekik dokuyordum. Ne yalan söyleyeyim tüm kıyamet senaryoları bedenime adrenalin pompalıyordu ve bu da hoşuma gidiyordu.

Öte yandan hayat sanki her geçen gün uzuyor gibiydi. Aniden dinginleşip yavaşlayan hayatın rahatsız edici bir yanı da yok değildi tabii. Apartmanların, ışıltılı sokakların, led tabelaların, gürültülü mekânların yerini kumsal, deniz, güneş ve alışamadığım yalnızlık almıştı. Bu değişiklik henüz üzerime tam oturmamıştı. Bir yanım duruma hafiften kafa tutuyordu. O yanım, senaryo fikrimi de bulduğuma göre artık İstanbul'a dönmem konusunda ara ara yokluyordu beni. Dostların, piyasanın, muhabbetlerin arasına dönme arzusunu bastırmam zaman zaman zorlaşıyordu. Ama orası benim kuruduğum, kendimi kaybettiğim yerdi. Bunu kendime sık sık hatırlatmam gerekiyordu. Yoksa yoksunluk ağır basacak kendimi tıpış tıpış o sete dönerken bulacaktım. Bu bilmediğim yere, henüz yazamadığım senaryoya sıkı sıkıya sarılmalıydım. Kendimi bir daha *Toz Duman* setinde ağzından salyalar saçarak bağırırken görmek istemiyorsam eski hayatımın sanal yoksunluğunun beni alaşağı etmesine izin vermeyecektim. Aslında kendime Musa Bey'i hatırlatmam da kâfiydi. Adamın kendisi İstanbul'a bir süre daha dönmemek için gayet yeterli bir sebepti. Peşimi bırakıp bırakmadığımdan emin değildim ama ara ara bilmediğim birtakım numaralar beni arıyor ve açmıyordum. Belki yerimi bilse, buraya bile adam gönderir, beni zorla sete sürüklerdi.

Sinan Bey'in davetine icabet etmeden hemen önce tanıdık bir numara aradı. Arayan Musa Bey'in yardımcısı Cengiz'di. Hakkını vereyim, düzgün adamdı. Bir süre tereddüt etsem de açmaya karar verdim. Cengiz önce diziye dönmem için açık açık yalvardı. Dediğine göre Musa Bey herkese kan kusturuyordu ve ne pahasına olursa olsun beni sette görmek istiyordu. "Sende şu kadarcık hatırımız varsa, ne olursun gel. Şu sezonu toparlayalım en azından. Sonra sözüm söz, temiz bir çıkış vadediyorum sana." Sesi gerçekten yardıma muhtaç birinin sesiydi. Fikrimi değiştirmeyeceğimi anlayınca nazik bir küfür basıp, bu piyasadan bir daha asla ekmek yiyemeyeceğime dair garanti vererek telefonu yüzüme kapadı. İstanbul'un bir süre daha bensiz idare edebileceği hususunda kolayca ikna edilmiştim böylelikle.

Televizyon dünyasındaki kariyerim ve Musa Bey, en azından o gecelik, umurumda değildi. Sinan Bey'in verandasında oturuyordum. Tam anlamıyla huzurlu olmasam da sakindim. Elim telefonuma bile pek gitmiyordu. Öylecene verandayı saran asmalara bakıp kurbağa sesinin nereden geldiğini bulmaya çalışıyordum. Bir süre sonra komşum içerden elinde iki çayla geldi.

"Sinan Bey, hava bayağı bildiğiniz çilek kokuyor."

"Hemen arkamız çilek tarlası, ondandır."

"Şanslısınız, yazlığınız nefis bir yerde."

"Ben yaz kış burada yaşıyorum Mertcim. Hanım ile boşanalı epey oldu, e çocuk da büyüdü. Emekli de olduk. Burada istediğim her şey var. Cennetten bir köşe bulmuşum kendime, neyleyim şehirde iki oda bir salonu."

Ne konuşacağımızı merak ediyordum. Yalnızlıktan ne yapacağını şaşırmış bir emeklinin masasına meze olmak en son isteyeceğim şeydi. En kötü sazı elime alır, uzun uzun dizi sektörünü anlatır, ihtiyarın kafayı ütüler kaçarım diye düşündüm. Hızlıca meslek faslını geçtik. Ben yönetmen kimliğimi ifşa ettim, o da bana eski bir turizm işletmecisi olarak çalıştığı yerleri anlattı. Kuşadası, Kapadokya, Kepez... Listesi uzayıp gidiyordu. 80'lerin 90'lara merdiven dayadığı yıllarda yolu buralardan geçmiş, o dönem arkadaşının mocamp'ını işletmiş, civara gönlünü kaptırınca da buradan bir yazlık almaya karar vermişti.

"Söz verdiğim gibi çok güzel bamya yemeği ve mezeler hazırladım sana. Sormadım gerçi ama rakı içersin diye tahmin ediyorum." Başımla onayladım. "Hah süper o zaman, sofrayı kurayım, rakıları da getireyim, sen hiç kalkma, birkaç dakikaya demlenmeye başlarız." Komşum tahmin ettiğimden daha misafirperver çıkmıştı. Vadettiği üzere soframız bir süre sonra hazırdı.

"Masadaki her şey benim bahçeden ve siteden," diyerek takdim etti sofrayı. Masamız atom, zeytinyağlı börülce, avokado ezmesi, çoban salatası, biraz keçi peyniri, bamya yemeği ve kapariyle bezeliydi. "Kimse bilmez, buralar kapari dolu. Bütün yaz yol kenarında, harabelerin arasında toplarım bunları. Acayip lezzetli, tadına bak hele..." Kuru domateslerle taçlandırılmış, zeytinyağında kıvama gelmiş kapariler nefisti cidden. "Otuz-kırk kavanoz yaparım her sene. Veririm sana da sabah kahvaltıda yersin, çok iyi gidiyor sabahları. Ayrıca karaciğer için birebir. Hele sigara içiyorsan?" İçmiyordum, hiç içmemiştim. "Hah güzel, yine de düzenli tüket, çeşit çeşit yararı var. Gelelim rakılara."

Masanın üzerine beş şişe çıkardı. Hiçbiri rakı şişesi değildi. Ama içleri farklı yıllardan, farklı tekniklerle ürettiği rakılarla doluydu. İki çekim, üç çekim, yaş üzüm, kuru üzüm, iki yıllık, bir yıllık. Rakıları doldurmadan detaylıca nasıl ürettiğini anlattı. Boğma ya da ucuzundan etil alkol karışımı değildi onunkiler. Evin üst katının bir kısmını ufak bir imalathaneye çevirmiş imbiği de oraya kurmuştu. Yıllardır marketten rakıya tek kuruş para vermemiş, zaman geçtikçe de üretimde ustalaşmıştı anlattığı kadarıyla. Üzümleri hem bahçedeki asmalardan hem de civardaki çiftçilerden tedarik ediyordu. Sabır isteyen bir işti, çünkü alkolünü de kendi üretiyordu. Üzümler önce eziliyor, sonra haftalarca mayalanmaları için bidonlarda bekletiliyordu. Sonra da çekim başlıyordu. Benim asla bulaşacağım tatta bir iş değildi. Gerçi emeklilik bana kim bilir neler yaptıracaktı. Komşum konuşurken filmimi çekemediğim takdirde başıma neler gelebileceğini tartıyordum. Olasılıkların çoğu hoş değildi. Ne pahasına olursa olsun beni ben yapmalıydım.

Rakıdan çok anlamadığımı izah etmeye çalışsam da Sinan Bey pek oralı değildi. Ben cin insanıydım. Ama öylesine bir hazla anlatıyordu ki sanki o an rakıyı beraber üretiyorduk.

Üretim faslı bitince hangisinden istediğimi sordu. "Fark etmez," dedim kibarca. "Belli ki hepsi el emeği göz nuru." Üzerinde el yazısıyla *Göbek 8* yazanı keyifle doldurdu kadehime. Üstüne su. Üstüne buz. Yanına da yine kendi imalatı şalgamdan ikram etti. İkisi de nefisti. Tek kelimeyle. Dedim ya, rakıdan anlamam, çok haz da etmem ama Sinan Bey'in rakısında vahşi bir dokunuş, kendini uzunca unutturmayacağı belli bir lezzet vardı.

"Öncelikle şerefine diyorum, çok acayip morarttık Nezih'i sayende! Demek Nergis'in oğlu Deniz'in arkadaşısın?"

"Mahalleden, çocukluk arkadaşıyız Sinan Bey."

"*Bey*'i bırakalım Mertcim. Sen bana doğrudan Sinan diye hitap et, en güzeli."

"Hay hay... Eski arkadaşımdır Deniz. Hep de bahsederdi buradan, nasip olmamıştı hiç gerçi ama sonunda geldim, bir başıma..."

"Ne yapıyorsun, tatile falan mı geldin? Biraz ücra bir köşe seçmişsin. Genç adamsın ne işin var bu emekli yurdunda? Bodrum, Çeşme yok mu kitabında senin?"

"Çalışmaya geldim Sinan Bey... Pardon Sinan. Dedim ya yönetmenim, yeni filmim üzerine çalışıyorum. Senaryo yazım aşaması. İnsanın biraz kendini soyutlaması gereken bir süreç." Öyle miydi gerçekten? *Kendini soyutlamak* kafamda çınladı. Çok ezbere konuşmuşum gibi pis bir tat bıraktı ağzımda bu kelime. Yalnız kalmam gerektiğini bile düşünmemiştim aslında buraya gelirken. Sadece öyle yapılması gerektiğini düşünmüş ve o role bürünmüştüm.

Elleriyle bana katıldığını ima eden bir hareket yaptı ama ne üzerine yazdığımı sormadı. Hâlbuki kafamda olası soruya karşın güzelce özetlemiştim filmimin konusunu. "Neyse, Deniz de sağ olsun evini teklif etti. Siz babasını tanır mıydınız?"

Bir süre tabağına baktı, sonra konuştu. "Tanımaz olur muyum evladım kaptanı? Sonuçta komşumdu, evlerimiz dip dibeydi. Severdik de rahmetliyle birbirimizi. Malum meslek kaptanlık tabii, pek yolu düşmezdi buralara. Daha çok Nergis ve Deniz geçirirdi yaz aylarını sitede. Ahmet'le rakı içmişliğimiz de var tabii, gırtlağına düşkün adamdı." Derin bir nefes alıp rakısına bakarak konuşmaya devam etti. "Tabii çok talihsiz bir olay. Ait olduğu yere gitti diye düşünürüm hep, huzur içinde yatsın. O olaydan sonra Nergis de Deniz de pek gelmez oldular."

"Buranın denizi tehlikeli midir?"

"Yok canım, ne münasebet..."

"Kaptan adam, ne bileyim, denizde kaybolmuş ya, aklı almıyor insanın."

"Ha canına susadıysan burnun ötesine açılırsın. Orda kuvvetli bir akıntı başlar. Alır götürür seni, kilometrelerce ötede sahile vurursun. Ama Ahmet oralara gitmemiştir. Muhtemelen denizde kalp krizi geçirdi."

Sinan arkasına yaslanıp uzaklara baktı. Tek kaşını kaldırıp gözlüklerini düzeltti. Havada hâlâ çilek kokusu vardı. Hafif esinti tepemizdeki hurma ağacının ve asmanın yapraklarını hışırdatıyordu. Güneş dağların ardından da olsa ortama cılız bir ışık yaymaya devam ediyordu.

"Sonuçta..." dedi bir süre sonra. "Üzerinden koskoca yirmi altı sene geçmiş. Gel sana evi gezdireyim, sonra devam ederiz muhabbete." Konuyu değiştirmek istemişti belki de.

Sinan'ın evi şifacı bir tarikatın dergâhı gibiydi. Duvar ve tavandan demet demet farklı kuru otlar sarkıyordu. Ölmez otu, kantaron çiçekleri, limon otu, melisa, reyhan, defne yaprakları, karabaş otu ve daha niceleri salonun dört bir yanında asılıydı. Ortama tarifi zor bir koku curcunası hakimdi. Duvarlardaki raflarda kavanozlar diziliydi. Turşular, kudret narları, kantaron ve andız pekmezi benim görüp de tanıyabildiklerimdi.

Şifa niyetine istiflenenler dışında evin çeşitli yerlerinde civardan topladığını söylediği amfora ve çanak çömlek parçaları vardı. "Arkeologların çok umurunda değil bu küçük parçalar, bende de böyle bir toplama merakı başladı. Buldukça getiriyorum eve," diye izah etti bakakaldığımı fark edince. Bir de üst üste yığılı gazetelerin bulmaca ekleri gözümden kaçmadı. Bir kişiye yıllarca yetecek kadar bulmaca eki vardı evde. "Sadece rakıyla, otla geçmiyor zaman evladım," dedi gülümseyerek.

Hangi otun, merhemin, yağın, tohumun neye iyi geleceğini de anlattı. Boru otu dedi mesela, basura iyi geliyormuş. Bir derdim varsa kendisine gelmemi de salık verdi. Sonra da şifacıyla masamıza geri döndük. "Doğadan umut kesilmez Mertcim," dedi ve kadeh tokuşturduk. Otların kokusu, anasonun etkisi ve rüzgârın hafif dokunuşlarıyla büyülü bir kıvama gelmiş gibiydim.

"Söyle bakalım," dedi "Sen her işe el atmayı seven, tek işle yetinemeyen tiplerden misin? Yoksa sinema senin tek sevgilin mi? Varın, yoğun o mu?"

"Başka türlü nasıl iyi bir film çekebilirim? Başka türlü nasıl egomu doyurabilirim? Bir meseleye kendini tamamen vermeden, odaklanmadan hedefe nasıl ulaşabilir ki bir insan?" Son cümlemi biraz hiddetle söylemiştim. Sinan'dan ziyade benim kendime inandırmaya ihtiyacım vardı çünkü.

"Güzel. Ben de aynı senin gibi varımı yoğumu bitkilere, onlardan elde edebildiklerime ve elde ettiklerimi insanlarla paylaşmaya ayırıyorum. Bir işin hakkı başka türlü verilmez. Bak ne çekiyorsun ne yazıyorsun diye sormuyorum, belli ki işine saygı duyan birisin, yerini zamanını bilirsin, vakti gelince istersen anlatırsın bana, hadi içelim."

İçtik, sohbet ettik, yedik, birbirimizi tanıdık. Rüzgâr esmeye devam etti. Gece çöktü. Tepemizde yıldızlar belirdi. Puhu kuşlarının sesi ara ara muhabbetimizi böldü. Bir ara ayaklarımın arasından bir kirpi yavrusu geçti. Kirpi yavrusu ona bir şey hatırlatmış gibi surat astı komşum. Yüzünü ekşitip "Ulan savaş çıksa ölen insanlara üzülmem şu küçük hayvanlara üzüldüğüm kadar," deyiverdi. "Ne diyorsun Mert, Üçüncü Dünya Savaşı çıkar mı mı sence?"

"Bilmem, sence?"

"Çin, Spratly Adaları'nın tamamını işgal ettiğini duyurdu geçenlerde," dedi kollarını iki yana açıp. Gözleri afacan bir çocuk gibi ışıldıyordu. Belli ki o da keyif alıyordu tepetaklak giden dünya ahvalinden. "Bu da yetmezmiş gibi aynı hafta Rus orduları Ukrayna'nın büyük bir bölümüne girdi ve buraları Rusya'ya bağladıklarını ilan ettiler. Bitti mi? Hayır! İsrail askerleri Mescid-i Aksa'ya girdi... Daha birçok sınır bölgesinden irili ufaklı çatışma haberleri geliyor. Çok fena ve tabiatıyla endişe verici. Bizimkiler de mecliste Misak-ı Milli diye bağırmaya başladılar bugün. Birileri müdahale etmezse ipin ucu kaçabilir. Diyorlar ki Amerika öldü! Dünya yeniden şekilleniyor ve insanoğlu kan istiyor. Hâlbuki çözüm basit. Hep birlikte aynı anda birbirimizin yüzüne bakıp gülümsesek yetecek. Bir tebessüm yeter şu dünyayı iyileştirmeye. Lakin, bize ne? Değil mi Mertcim? Hadi yarasın!"

Biraz naif bir yaklaşımdı. Bir tebessümün herhangi bir şeyi çözemediğine kani olmuş bir sektör komutanıydım ben. İçimdeki karanlık, bir tebessümle geçer miydi?

Ama o an için bir tebessüm yetti bize. Etrafımıza bir perde çekmiş, kendimizi görünmez kılmış gibiydik. Dünya baş döndürücü bir hızla yoluna devam ederken, biz yol kenarında bir dinlenme tesisinde keyif çatıyor, ona uzaktan el sallıyorduk sanki. Öte yandan yüksek tansiyon hastası dünyamızda düzenin, su yolunu bulur misali, her daim devam edeceğini biliyordum. Piyasalar her zaman yolunu buluyor, para akışı aralıksız devam ediyor, insan denen obur, dünyaya hükmetmekten vazgeçmiyordu ve geride bıraktığı yıkıntılardan bile nemalanmasını biliyordu. Sonuçta iki koca dünya savaşından bile geriye meraklılarını besleyen belgeseller kaldı sadece. Benim için şimdilik önemli olan içtiğimizin bize yaraması ve senaryomdu.

Bir noktada Nezih Bey'le aralarındaki husumeti sordum. "Birbirimize gıcık olmak için yaratılmışız biz," dedi sırıtarak. "Yıllardır böyle, her konuda didişiriz, hiçbir konuda anlaşamayız. Sitenin yöneticisi benken o her şeye itiraz ederdi, şimdi de ben ediyorum, böyle akıp gidiyoruz işte. Ama mesele temelinde hayata nasıl baktığımız, anlatabiliyor muyum? O kurtsa ben kuzu ya da tam tersi. Ona kalsa dünya ancak belli kurallarla var olabilir. Benim içinse her şey değişime açık, en katı kurallar dahi! Gerçi basket sahasını yıktırtmasaydı bu husumet hiç başlamayabilirdi..."

"Basket sahası?"

"Yıllar yıllar önce, ben yöneticiyken, sitenin girişine ufak bir basket sahası yaptırmak için kolları sıvamıştım. Çoğunluk onay verince ben de giriştim işe. Nezih efendi seken top sesini sevmiyormuş meğer, itiraz etti. Sahanın zemin betonunu dökmüştük ki Nezih beni müze müdürüne şikâyet etmiş."

"Müze müdürünün konuyla ne alakası var?"

"Dur anlatayım bak... Tabii Nezih o sıradaki müze müdürünün eski ahbabım olduğunu bilmiyor, nerden bilsin. Ondan önceki müze müdürünü sonra anlatırım, o ayrı bir hikâye. Neyse, müze müdürü bir gün siteye geldi, fıldır fıldır sitenin yöneticisini arıyor. Çıktım karşısına, önce bir sarıldık birbirimize... Sinan sen misin yahu bu sitenin yöneticisi? diye sordu; hay Allah der gibi bir bakışla. Sen mi yaptırıyorsun bu basket sahasını diye devam etti, yine Hay Allah der gibi bir bakışla. Yanıtlarımı aldıktan sonra Sinan dedi bu betonu buraya sen döktürmedin, hatta buraya beton hiç dökülmedi, ben de bugün buraya gelmedim, oldu mu? Şu betonu hemen söktürün.

İşin aslı bizim site sit alanı üzerine kurulu. Bakma burada evler olduğuna, aslında çivi bile çakmamız yasak. Müze müdürü ahbabım olduğu için o sahanın iznini bir şekilde alacaktım zaten aslında ama Nezih beni ihbar edince işler değişti tabii. Bu arada müdür tanıdık olmasa en az altı ay hapis yatardım. Adam beni resmen hapse tıktıracaktı anlayacağın. Gayet iyi de bilir cezasını çünkü eski avukat adi herif!"

"Ucuz yırtmışsın," demekle yetindim ama şimdi de sitenin nasıl sit alanı üzerine inşa edildiğini merak ediyordum. Antik kent sınırları içinde yer alan sitenin tuhaf yasadışılığı yeni yeni kafama dank ediyordu.

"Onu da izah edeyim... Gedikli diye buraların bilinen, nasıl desem, girişimcisi bir adamın işi bu. 80'lerin sonlarında tarla vasfındaki bu arsayı yok pahasına satın alıyor köylünün birinden. Tabii Gedikli'nin niyeti en baştan belli. Eli kolu da uzun, e arsa da güzel yerde, dönemin bazı politikacılarını, kimi tanınmış şahsiyetlerini kafalıyor şöyle site yapacağız, böyle güzel olacak diyerekten... Daha inşaat başlamadan satışları yapıyor. Aslında ören yerinin sınırları belli, köpek kulübesi bile yapamazsın buraya. Neyse, inşaat başlıyor, temeller atılıyor derken dönemin müze müdürü gelip mührü vuruyor. Gedikli kendinden emin, ne yapıp edip inşaatı yapacak. Son model arabasına atlıyor, müzeye gidiyor, arabanın anahtarını müdürün masasına bırakıp çıkıyor. Bir hafta sonra birinci derece sit alanı oluyor sana üçüncü derece sit alanı. Birkaç aya inşaatlar tamamlanıyor Harabeler Sitesi yükseliyor, sonra hop, alan yine birinci derece sit alanına dönüyor. Ama Gedikli ne yapıyor dersin... Tapular alınmış, inşaat bitmiş. Müze müdürünün odasına giriyor, arabanın anahtarlarını alıp çıkıp gidiyor... Müdürün bir şey diyecek hâli yok tabii, kendi başı yanar... Ama tabii ondan sonra gelen müze müdürü ayrı hikâye. Onu da sonra anlatırım. Biz içelim. Belli mi olur savaş çıkar üstümüze bomba yağar, bulduğun fırsatı kaçırmamak lazım evlat. Fırsat da demişken bu hafta bir gün benle kapari toplamaya gel, antik kentin orda. Tepelere çıkarız, hem ortalığı da gösteririm sana, muazzam bir manzara var yukarda."

Muhabbetimiz kurbağa ve puhu kuşlarının seslerine karışırken, kadim harabelerin arasında yükselen ucuz yazlıkların bahçesinde iki silüetten ibarettik.

7.

"Kabaca böyle işte," diyerek bitirdim filmimi anlatmayı. Caretta Bar'da oturmuştuk ve güneşi birlikte batırmamızın üzerinden iki, üç saat geçmişti. Hayatıma yeni giren kadroyla dizilmiştik yine masaya. Maya, mağaracı kardeşler İzzet ile Tarık ve mekânın sahibi Füsun...

Komşum Sinan'daki geceden sonra birkaç günü eve kapanıp senaryoya çalışarak geçirmiş, iyice bir şekle şemale sokmuştum ve sıra birileriyle paylaşmaya gelmişti. Nedense İstanbul'daki, sektörden işin ehli dostlarıma ya da fikirlerine kendisinden fazla önem verdiğim eski sevgilime anlatmak içimden gelmedi. İstanbul'u İstanbul'da tutmam gerekiyordu. Kapıları yeniden açılmamalıydı. Kendime yeni bir kimlik bulma serüvenim ara ara tam bir palavra gibi gelse de ve bıraktıklarımdan ötürü içime adi bir pişmanlık dürtüsü yayılsa da bu hislere teslim olduğum takdirde soluğu yine dizi setlerinde alacağımı biliyordum. O yüzden filmime sarılmam gerekiyordu.

Ben de soluğu iyi bir *fokus grup* olacaklarına kanaat getirdiğim İzzet, Tarık, Füsun ve Maya'ya rastlama umuduyla Caretta Bar'da almıştım. Nitekim tahminim tutmuş, ekibi yine burada demlenirken bulmuştum.

Filmin taslak ismi *Zamanın Mayası*'ydı. Zamanda yolcuğun keşfedildiği ve tamamen zenginlere mahsus ticari amaçlar için kullanıldığı yakın bir gelecekte geçiyordu. Zaman yolculuğunu bulan ise *Time Isnt Ltd.* isimli karanlık işlere de bulaşmış bir şirketti. Bu şirket, parasını verebileni, geçmişe doğru bir seyahate çıkarabiliyordu. Örneğin cumhuriyetin ilan edildiği güne gidebiliyor ve tarihi anlara tanıklık edebiliyordunuz. Ya da misal 23 Mart 1982 tarihine ışınlanıp, Safa Meyhanesi'ne gidip, Turgut ve Tomris Uyar, Edip Cansever, Cemal Süreya'ların yan masasına sessizce ilişebiliyordunuz. Bunlar turistik paket turlar gibiydi. Rehberler eşliğinde çıktığınız cinsten. En revaçta olanları ise geçmişe yapılan gastronomi turlarıydı. Maya ile çıkılan. Medyanın gözdesi, meşhur gastronom ve zaman yolcusu Maya! *Zamanın Mayası* işte böyle bir film olacaktı. Başrollerinde Maya'nın oynadığı. En azından zihnimde öyleydi. Yırtıcı bakışlarını kamerada görebiliyordum. Onu zamanda yolculuk ederek gittiği farklı dönemlerin farklı kıyafetleri içerisinde hayal edebiliyordum. Zihnimde 1920'lerin bir kır partisinde, tüllü hasır şapkasının altından kameraya sigarasının dumanını üflüyordu. Sonra geleceğe ışınlanıp kötülerin hakkından geliyor, inandığı değerler uğruna sevdiklerinden vazgeçiyordu. Gerçekte böyle biri miydi? En azından benim evrenimde öyleydi.

Uzun uzun filmin konusunu anlattım onlara. Tüm mimiklerim, özel efektlerim ve tonlamalarımla elimden geldiğince yaşattım onlara hikâyeyi. Başından sonuna kadar. Tüm *twist*'leriyle. Anlatmayı bitirdiğimde filmi çekip bitirmiş kadar olmuştum. Müthiş bir haz dolmuştu damarlarıma. Hiç lafımı kesmeden dinlediler merakla. Filmin adını sorduklarında ise "Daha erken onun için," dedim.

"Çok acayip! Müthiş!" diye ilk Tarık atıldı. Gözlerinde ben anlattıkça filmi izlemiş ve izlediği şey karşısında büyülenmiş gibi bir bakış vardı. "Bunu mutlaka çekmelisin Mert abi, aşırı sabırsızlanıyorum izlemek için ve bence herkes izlemeli! Bayılacak insanlar! İnanılmaz ya, hikâyeye bakın!" Heyecanlı bir tipti Tarık. Ağzından çıkanı pek tarttığı yoktu.

İzzet, kardeşi Tarık'ın abartılı tepkisinden biraz da rahatsız bir tavırla "Dur bakalım Tarık, film çekmek o kadar kolay değil tabii. Ancak fikir harikulade abi, yolu açık olsun. Ben kendi adıma keyif ve heyecanla dinledim. Zaman yolculuğu da çok işlenmiş bir konu değil sinemamızda... Tabii bildiğim kadarıyla. Değil mi?" diyerek dizginledi kardeşini. Mağaracıların tepkileri o kadar da umurumda değildi aslında. Asıl merak ettiğim Maya'nın etkilenip etkilenmediğiydi. Ben ondan bir yorum beklerken Füsun içkisini bitirip, gözlüklerini düzeltip söz aldı.

"Yahu oğlum Tarık..." dedi önce. Beyoğlu kokan bir eda vardı konuşmasında. "Olay zaman yolculuğu değil. Mert kardeşimiz çok güzel anlattı, sen de iyi dinlediysen, aslında film aşk için, hatta başkasının aşkı için bile, neleri feda edebileceğimizle ilgili. Çok güzel, çok güzel düşünmüşsün Mert kardeşim." Kendine bir ucuz votka portakal daha söyledi. "Gerçi işin ehli sensin, ben anlamam film çekmekten ama pahalıya patlar gibi geldi, ha, ne dersin hocam? Hani dekor, set falan hep eski ya da gelecek zamanlar ya..."

"Onu ben değil prodüktörler düşünecek. Önemli olan yatırımcıları ikna edebilmek, o işte de üstüme yoktur."

"Ben emin olamadım," dedi Maya lafımı kesip. Ayaklarını yanındaki boş sandalyeye uzatmış limonatasını pipetliyordu. "Zaman yolculuğu fikri bana hiçbir zaman çekici gelmiyor. Bir kere fazla muallak. Matematiksel bir dayanağı, gerçeklikle bir bağı yok. Nasıl bulmuşlar mesela zaman yolculuğunu? Tam olarak nasıl gerçekleşebiliyor? Böyle desteksiz ve içi doldurulmamış fikirler beni baştan soğutuyor filmlerden. Anlatabiliyor muyum?" Bardağına bakarak, pipetle oynayarak konuşuyordu. "Saçma yani... Bir de fazla Hollywood.

Amerikan filmi olsa belki ilgimi çekerdi ama Türk yapımı zaman yolculuğu bana biraz komik geliyor. Anladığım kadarıyla Cem Yılmaz-vari bir komedi filmi de değil? Ya da ne bileyim Netflix'e mi çekmeyi düşünüyorsun bu fikri? Hani onların dünyasına uygun sanki biraz. Kadın karakter, zamanda yolculuk ediyor, karanlık kötü adamları paketliyor falan... Yani umarım haddimi aşmıyorumdur ama sanki biraz daha güçlü hikâyelere ihtiyacımız var artık hayatta. Ben en azından kendi adıma bunu arıyorum.

Kaldı ki adamın tekrar karısıyla olabilmek için zamanda geriye gidip, diğer kendisini öldürmek zorunda kalması... Onun yerine acıyı kabullenmeyi öğrenip hayatına devam etmesi daha doğru değil mi? Ayrıca baş kahramanın şirkette işlenen suçları öğrenir öğrenmez polise gitmesi gerekmez mi?"

Elbette baş karakterin adının Maya olduğunu ya da filmin isminde adının geçtiğini söylemedim. Filmin posterlerini, afişlerini süslediğini de. Ya da kabul ettiği takdirde başrolün ona ait olduğunu da... Lakin söylesem de pek bir şey değiştirmeyecekti. Maya yüzüme dahi bakmadan filmimi yerin yedi kat dibine gömmüştü. Nedenini anlamasam da bana karşı, yüzeyin hemen altında gezinen düşmanca hisler besliyor gibiydi. Ya da kısacası egom kaldıramamıştı eleştirilerini.

"Mesela?" diye sorabildim.

"Mesela bu ülkeden gitmek istemek üzerine bir film olabilir! Kendi evinde kendini evde hissetmemek üzerine olabilir. Tonlarca dert var dünyada. Onları düşününce zaman yolculuğu pek bir meseleymiş gibi gelmiyor sadece."

"Kimler oynayacak abi filmde?" Tarık'ın soruyu biraz da Maya'nın yarattığı olumsuz havayı silme çabasıyla sorduğu belliydi. "İsimler belli mi? Abi belki bize de bir iki rol verirsin, şöyle ufak, yan rollerden!"

"Mert abi sen bakma kardeşimin heyecanına, ne dediğini bilmiyor o..." Belli ki İzzet'e kardeşinin sulu hâlinden gına gelmişti. Tarık'ın arsızca filmimde kendine rol kapma isteğinden rahatsız değildim, kim bilir çocuğu yeteri kadar seversem ufacık da olsa bir sahne bile verebilirdim. Ama Maya'nın gözüne girmem gerekiyordu. Öyle hissediyordum, öyle istiyordum.

"Zaman yolculuğu burada sadece bir araç Maya." İlk kez adıyla hitap ediyordum ona. "Zaman yolculuğu imkânsız olduğundan sınırları ve kuralları yoktur. Sonsuz bir olasılık evreni sunar anlatıcıya. Anlatıcı dilediği gibi at koşturur zaman yolculuğu başlığı altında. Senin de dediğin gibi. Fakat buna karşılık izleyiciye de kendi zaman dilimleri üzerinden hayaller kurdurur. Bu açıdan nefis bir araç olduğunu düşünüyorum. Ayrıca Einstein'in dediği gibi *biz fizikçiler geçmiş, bugün ve geleceğin sıkıcı bir illüzyondan ibaret olduğunu biliriz...* Hiçbirimiz fizikçi değiliz ama zamanın göreceliğine kafa tutacak da değiliz, değil mi?" Limonatasına *çok da tın* der gibi bakmaya devam etti.

"Yo, istediğini çekmekte, anlatmakta özgürsün, yanlış anlama. Beni ikna etmene de gerek yok. Ben de yeri gelince binge watching'in dibine vuran biriyim. İçi boş yüzlerce film izlemişimdir. Ama sektörden biriyle konuşunca insanın eline bir fırsat geçmiş gibi geliyor anlatabiliyor muyum? Hani insanın belki de bir şeyleri değiştirebileceğine dair ufacık bir his. Bu yüzden dürüstçe söylemek istedim ne düşündüğümü." Maya gerçekten düşündüğüm gibiydi. Aklındakini saklamayan, sonuçlarını çok tartmayan... Ama yine de ölçülü. "Sanırım demek istediğim özetle şu: Anlatılabilecek, anlatılması gereken onca hikâye varken neden bir *popcorn* filmine heyecan duyayım. Platformlarda zilyon tane var bunlardan. *Capichè?*"

"Ooo, Maya'dan İtalyanca geldi!" dedi Tarık heyecanla.

"O değil de hadi diyelim nükleer savaş çıktı, ki çıktı çıkacak diyorlar, ne yapacaksın? Allah korusun, film falan çekemezsin herhalde," dedi İzzet muhabbeti yine başka bir yöne çekmek istercesine.

"İkinci Dünya Savaşı sırasında sayısız film çekildi İzzet. Hitchcock *Foreign Correspondent* mesela... Tavsiye de ederim nefis filmdir." Gerçi İzzet haklıydı. Savaş ihtimali giderek gerçekçi bir hâl almaya başlamıştı. Ve savaşın patlak verdiği bir dünyada kimse benim filmime para yatırmazdı. Öte yandan Maya resmen fikirlerimin üstünde tepinmiş ve dümdüz etmişti. Tüm proje çöptü. Günlerdir içimi dolduran heyecan fırtınası bir anda dinmiş yerini çocuksu bir utanç almıştı. Henüz çekilmemiş filmimi göklere çıkaran coşkun özgüvenim kaybolmuş, beş para etmez bir hayal gücüne sahip olduğumu haykıran bir canavar peyda olmuştu içimde. Maya'nın nezdinde bomboş bir adamdım belli ki. Rezil etmiştim kendimi. Kimseye çaktırmadan, *Zamanın Maya-sı*'nı zihnimin yosun tutmuş depolarından birine kaldırdım.

8.

Zamanın Mayası'nın çöp olmasından ve yeni fikirlere doğru yelken açmaya karar vermemden iki gün sonra Sinan'la sözleştiğimiz üzere kapari ve kantaron toplamak üzere araziye çıktık. Öreni çevreleyen yamaçlarda, yol kenarlarında ve harabelerin aralarında gezindik. Sinan coğrafyayı avucunun içi gibi biliyordu. Adeta bitkileri kendi ekmiş gibi, arkadaşlarını ziyaret eder gibi buluyordu aradıklarımızı.

Kantaron kolay, kapari zor, dikkatli izle demişti. Haklıydı. Yanından geçseniz dönüp bakmayacağınız, gösterişsiz kapari bitkisinin meyvesini toplamak bir zahmetti. Kendini belli etmeyen iri dikenleri sinsice parmaklarınıza saplanıyor, işi bilmeyenler için ıstırap dolu bir kabusa dönüşüyordu.

İki saatin sonunda poşetlerimiz dolduktan sonra hamam kalıntılarının orada bir kayanın üstüne oturup soluklandık. Ülkenin çeşitli yerlerinden gelmiş turistler ortalıkta geziniyorlardı. Antik kentin bittiği yerde başlayan deniz özenle hazırlanmış bir otel yatağı gibi pürüzsüz ve dümdüzdü.

Sinan arkasına dönüp yamacın tepelerine doğru baktıktan sonra "Hadi," dedi. "Seni çok acayip bir yere götüreceğim." Bir süreliğine tasmamı bu adamın ellerine bırakmaya karar verdim. Bilmediğim yerlere sürüklenme fikri hoşuma gitmişti. Doğama tersti. O güne kadar sahiplendiğim kimliğime tersti. Ama geride bırakmaya çalıştığım benin önemli sorunlarından biri, *karar verme zorunluluğu* yavaş yavaş beni terk ediyordu ve bu bana tatlı bir huzur veriyordu. "Hay hay," dedim ve yürümeye başladık. Daha doğrusu tırmanmaya.

Hamamın hemen arkasındaki dik yamaçtan, harabelerden ortalığa saçılmış taşların üstünden hoplayarak ve yabani bitkilerin arasından sıyrılarak yol aldık. Sinan, ancak bir dağ keçisinin zorlanmadan çıkabileceği diklikteki yerleri şaşırtıcı bir çeviklikle tırmanıyordu. Antik kent aşağıda kalıp rakım arttıkça biraz tedirgin olsam da dediğim gibi, kendimi Sinan'a emanet etmiştim.

Bir süre sonra insan yapımı dar bir düzlüğe çıktık. Dizili taşlarla örülmüş yamacı dik kesen bir su yoluydu. "Eskiden şehre su taşıyan kemer bu. Buradan sonrası kolay," dedi. Arkasından devam ettim. Bulunduğumuz noktadan denize bakınca aklıma Ahmet Kaptan geldi. "Nergis abla çok kötü olmuştur Ahmet abi kaybolunca," diye doğaya emanet ettiğimiz sessizliğimizi bozuverdim. Önce yanıt vermedi. Hatta beni duymadı sandım. Bir şeyler mırıldanır gibi oldu sonra da kısık bir tonda "Mahvoldu tabii," dedi.

"Kaç gün aradılar kaptanı denizde?" Sebebini çözemediğim bir irdeleme duygusu bana bu konuyla ilgili soru sordurup duruyordu.

"Üç gün, üç gece... Biz de tekneyle yardıma çıktık, her yere baktık. Adamın adını seslenmekten sesimi kaybettim hatta..."

"Eşinle birlikte miydiniz hâlâ o sıra?"

"Orda dur bakalım delikanlı... Birlikte kapari topluyoruz diye eski eşimin muhabbetini yapacak değiliz."

Bana önemsiz bir detay gibi gelse de belli ki Sinan'ın canını sıkan bir konuydu bu. Ama yine de Harabeler Sitesi'nin zaman akışı içerisindeki yerini merak etmiştim kadının.

"Altı üstü kaç yıllık bekar olduğunu merak ettim Sinan, nihayetinde biz de bekarız," diyerek espriyle karışık savuşturdum onu.

"Yirmi beş yıllık bekarım. Dahasını da sorma," dedi gülerek ve ritmimizi bozmadan yürümeye devam ettik. Yol buruna doğru yaklaşırken tekrar yamaçtan yukarı saptık. Bir ara durdu ve yerden bir ot yığını kopardı. "Bak," dedi elinde tuttuğu demeti bana sallayarak "Bunlar da kekik. Bizim sitedeki tembeller ne bunları ne buraları bilmez. Gider marketten alırlar. Düzenli bahçeyi doğa zannederler. Doğaya dokunmayacaksın, kendi hâline bırakacaksın. Bahçe düzenlemek bildiğin doğaya tecavüzdür. Ama anlatamadık tabii siteye... Bahçe yapmayalım, kendi hâline bırakalım, çeşitliliği artsın, zenginleşsin dedim beğenmediler. Neymiş Nezih Bey'ler ve dostları sitenin bahçesinde gül görmeyi, evlerinin biçilmiş çimlere bakmasını istiyorlarmış."

Eliyle uzaklarda gözüken Harabeler Sitesi'ni işareti etti. Site durduğum yükseklikten onu çevreleyen doğaya ters, sıkıcı bir yapı yığınından ibaret gibi gözüküyordu ve yine tepelerden bakıldığında nasıl da antik kentin sınırları içerisine hukuksuzca inşa edildiğini, tarihe nasıl bir ihanet teşkil ettiğini rahatlıkla seçebiliyordum. Ufka doğru uzanan diğer site ve yazlıklardan ayrı, kendi evreninde var olmaya çalışan bir siteydi onlarınki... Ya da bizimki mi demeliydim? Siteye dair anlık bir aidiyet, hatta aidiyetlik içerisinde bir taraf duygusu geçti içimden. Sinan da kokusunu almış gibi yakaladı.

"Bizim site böyle Mert işte... Tam ortasına Berlin duvarı örsen yeridir. Bir taraf diğer tarafla anlaşamıyor." Maya sitenin hangi tarafında kalıyordu acaba?

"Yazlıkçılık bu ülkede böyle bir şey. Sürekli bir husumet. Sorsan ama huzur bulmaya geliyorlar buraya. Ama yok, şehirde bırakmaları gereken her şeyi yanlarında getiriyorlar.

Resmen işgalci kuvvet gibi gidiyor insanlar yazlıklarına. Herkes kendi bildiğini okuma, kendi doğrusunu kabul ettirme derdinde. Neyse ya, siktir et bizim siteyi şimdi."

Bir süre daha tırmandık. Ta ki iki tepe arasındaki bir düzlüğe varana kadar. Sonra adeta Akdeniz'in üzerinde süzülüyordum. Yamaç bitmiş ve ardını görmüştüm. Ardı denizle buluşan dev, kayalık bir uçurumdu. Onlarca metre aşağıda azgın dalgalar, tarumar edilmiş bir ordu gibi sağa sola saçılmış kayaları dövüyordu. Hemen arkamızdaki dingin kumsalın aksi bir tablo vardı burada. Devasa güneş tüm ihtişamıyla üzerine parladığı denize yaşam saçıyordu.

Uçurumun kıyısına doğru yanaştım. Buraları mesken etmiş bir kaplumbağa yavaşça yanımdan geçti. Aklımdan sadece geçtiğimiz binlerce yıl içerisinde buradan kaç kişinin düştüğü geçiyordu. Kaç ruh ölüme isteyerek ya da istemeyerek burada kucak açmıştı? Bu deniz kaç bedeni yutmuştu?

Dalgalanan Türk bayraklarıyla doğu yönünde ilerleyen üç savaş gemisi gördük. Şekil verilmiş koca metal yığınları beden parçalamak, gözdağı vermek üzere dalgaları aşıyordu. Beni aşan, aklımın almayacağı bir oyunun parçasıydılar ama öte yandan kayıtsız kalamayacağım sinematografik bir kareydi gördüğüm. Nitekim savaş her zaman nefis bir sinema malzemesiydi. Eve gidip *Apocalypse Now* izleyesim geldi.

"Neyse keyfimiz kaçmasın, boş ver gemileri. Nergis'i soruyordun bana... Al bak, burayı Nergis'le birlikte bulmuştuk. O da severdi kapari toplamayı, kapari diye diye buraya kadar çıkmıştık. Rakı bile içmişliğimiz var burada, şu manzaraya karşı!"

"Sadece Nergis ve sen mi?"

"Evet... N'oldu tuhafına mı gitti? Nergis benim dostum. Çok sevdiğim, saydığım bir insandır. Onun için o ağdalı soru işaretlerini kendine sakla, hiç yakıştıramadım sana!"

Afacan bir öfkeyle söyledi bunu, yüzüme doğru işaret parmağını sallayarak.

Bir süre sessizce ufka baktık. Sonra uçurumun kenarına az daha yaklaştım. Aşağılara bakındım ve hemen aşağımızda, dik yamaç boyunca bitmiş tuhaf çiçekleri gördüm. Bildiğim hiçbir çiçeğe benzemiyordu. Beyaz puantiyelerle bezeli turuncu çiçeğin orta yerinde mavi tohumları bulunuyordu. Bodur ama kalın bir bedeni, neredeyse simsiyah yaprakları vardı. Bilirse o bilir düşüncesiyle "Bu çiçekler ne?" diye sordum rehberime. Yanaşıp aşağı doğru kafasını uzattı ve "Ulan çıkmışlar!" diye bağırdı.

Sesindeki heyecan bana da bulaştı. "Ne ki bunlar Sinan?"

Yanıt gelmedi. Dönüp yüzüne baktım. Kilitlenmiş, çiçeklere bakıyordu. Bir şey düşünüyor ya da hatırlıyor gibiydi. "Sana diyorum komşu," diyerek dikkatini çekmeye çalıştım.

"Çiçek oğlum işte," dedi bir süre sonra dingin bir tonda.

Sorun çiçeklerin güzelliği değildi. Zira güzel dahi değillerdi. Sorun tuhaflıklarıydı. Bir araya gelmemesi gereken ya da doğada birbirinden uzak duran renkler bir araya gelmiş, insanın algısıyla oynuyorlardı. Gözümü alamıyordum onlardan.

"Yok mu bunların bir ismi?"

"Yahu Allah'ın çiçeği işte."

Yüzükoyun yere uzanıp elimi aşağı uzatıp yakınlardaki çiçeklerden birine ulaşmaya çalıştım. "Ne yapıyorsun sen?" diye sordu Sinan.

"Koparmaya çalışıyorum birini."

Koluma girip beni hışımla ayağa kaldırdı. Çiçeklere dokunmamı istemiyor gibiydi. "Sakat sakat işler yapıyorsun. Aşağı yuvarlansan kimse kurtaramaz seni!" Aşağı baktım tekrar. Düşmem imkânsız görünüyordu. Üstelemedim daha fazla. "Hadi dönelim," dedi o da ve geldiğimiz yolları dönmek üzere tepeden inmeye başladık.

BULMAK

En sevdiğim boşluktayım. En güvende hissettiğim evrendeyim. Süzülüyorum. Rüzgârda bir poşet ya da onuncu kattan atılan bir böcek gibi... Ama burada olduğum sürece aslında ne olduğumun bir önemi yok. Belirli bir rotam ya da varış noktam da yok. Varoluşumun süzülüş eylemindeyim. Süzülüyorum. Hafif hareketlerle. Çok hafif. Acelem yok. Bekleyenim yok.

Biraz aşağı, biraz yukarı doğru ilerliyorum. Sağa, sola bakıyorum. Devam ediyorum. Evrenime sızan güneş ışınları ortamı hafifçe aydınlatıyor. Bana yol gösteriyor. Etrafımı saran bu muazzam boşluk rahatsız etmiyor, azıcık ışık kâfi. Dertler, adresler, isimler yok burada. Daha ne isteyebilirim? Buradan çıkmamak isteyebilirim! Bedenim, fiziğim buna izin verse itirazım olmaz. Süzülmeye devam ediyorum.

Nefesim dengeli. Hareketlerimle uyumlu. Tutturduğum meditatif ritim uzun süre burada kalmamı sağlıyor. Süzülmek kadar kaybolmak eylemindeyim. Bunu fark ediyorum. Giderek kayboluyorum. Süzülmem kayboluşuma eşlik ediyor. Kayboluşuma ise bedenime yayılan coşku... Suratımdaki hareketlilik hafif bir gülümseme mi? Olabilir. Ama kendime. Zira beni gören, izleyen de yok. En çok da buna eminim. Zaten başka türlü kaybolamazdım.

Neden ilelebet burada kalamıyorum? Bu insanlığın kafa yorması gereken bir konu. Evrimin hangi noktasında karada yaşamak zorunda kaldık? Neden denizleri seçmedik? Mavilerde yaşayan ve akıllı varlıklar olabilirdik. Sözümü geri alıyorum. Aklın olduğu yerde dert var. Dert istemiyorum. Mavilerde ve bilinçsiz yaşamak istiyorum. Yalnızca süzülmek ve ara sıra ihtiyaç gidermek istiyorum. Az daha düşünüyorum, son dediğimi de geri çekiyorum. Denizde olup dertlerden arınmaktır belki tam olarak istediğim. Dert yoksa arınmak da yok, suda olma dürtüsü de. Belki de ihtiyaç duyduğum haz suyun içindeki arınma durumudur. Aklım bulutlanıyor. Düşünceleri dağıtıyorum. Süzülmeye devam ediyorum.

Kıyıdan ne kadar uzaktayım bilmiyorum. Derinlerdeyim. Deniz tabanını az çok seçebiliyorum. Etrafım boş. İnsan yok, balık yok. Sonra içinde bulunduğum su kütlesinin boyutunu düşünüyorum. Tüm okyanuslar, denizler, onlara dökülen nehirler... Hepsi birbirine bağlı. İsimleri, akıntıları, tuz ve tatlılık oranları farklı olsa da hepsi birbirine bağlı ve ben şu an içlerindeyim. Dünyada kaç kişiyiz şu an denizde olan? Tüm bedeni ve zihniyle. Beni duyabiliyor, hissedebiliyorlar mı?

Ama nihayetinde insanım. Buraya ait olmayan bir bedenim var. Ve bedenimin sırt bölümü hassas bir deriyle kaplı. Güneşte kavrulan bir deriyle. Uzun süre burada duramam. Bu akşam berbat bir sırt yanığıyla yatağa girmek istemiyorum. Dedim ya, insanım. Ayrıca şnorkel ağzımı sıkıyor. Kaybolma eylemim ilelebet süremez. Kol hareketleriyle kıyıya yöneliyorum. Kıyıya yaklaştıkça deniz tabanı bana doğru yakınlaşıyor. Detaylar belirginleşiyor. Kayaların arasından adını sanını bilmediğim deniz canlıları kafalarını uzatıp bana bakıyor gibiler. El sallıyorum onlara. Kıyıya yaklaştıkça kayaların arasına yığılmış mermer sütunları görüyorum. Antik kentin yadigarları. Sahipsiz. İmrendiğim bir sonun keyfini çıkarıyor gibiler.

Sütunların bazıları yekpare, bazıları parçalanmış. Yıllardır hayal gücümü kamçılayan bu manzaraya şaşırmaktan bıkmadım. Her zamanki gibi tarihin izlerini süze süze ilerliyorum sahile doğru. Pürüzsüz yüzeyleri etraflarındaki biçimsiz kayalara nispet yapıyor adeta. İnsan eli değmiş yüzeylerini gururla sergiliyorlar.

Az ötemde suyu ayaklarıyla döven iki çift bacak görüyorum. Sol tarafımdan açıklara doğru bir beden son sürat kulaç atıyor. İnsan belirtileri başlıyor. Artık en sevdiğim evrende değilim, huzurum delik deşik. Ama yapacak bir şey yok. Ben bir deniz canlısı değilim! Kıyıya varmadan biraz daha süzmeye karar veriyorum aşağıları. Devrik tarihin üzerinde turlar atıyorum. Avını kollayan bir köpekbalığı misali daireler çiziyorum.

Gözüme parlak bir cisim ilişiyor. Hafif yosunlu kayaların arasında. Sonra gözden kayboluyor. Ani bir dönüş yapıyorum, tekrar görebilmek için. Çizdiğim daireleri ufaltıp, tespit ettiğim cismin tam tepesinde geziniyorum. Bir beliriyor, bir kayboluyor. Ama hissiyatım buraya ait olmadığı. Dördüncü dairemde yeniden görüyorum. Şnorkeli çıkarıp ona doğru dalıyorum. Kaç metrede? Üç? Dört? Derinliği hesaplayamıyorum. Sinüslerim hafif zonklayınca panikleyip vazgeçiyorum. Şimdi başım suyun dışında. Gözlerimi kırpıştırırken derin bir nefes alıyorum. Güneş yüzümü ısıtıyor. Merakım ağır basıyor ve bir deneme daha yapmaya karar veriyorum. Deniz gözlüğümü takıyor, derin bir nefes alıyor ve derinlere doğru dalıyorum.

Bu sefer tereddütsüz ve korkusuz hızla ilerliyorum. Cismin detaylarına olan merak kalbime ulaşıyor. Çocuk gibiyim. Herkesi şaşkına çevirecek bir sürprizle çıkmak istiyorum sudan. Bulmak istiyorum! Bulmak fiiline nail olmak istiyorum. Heyecanla kıyıya, Ahmet'in yanına götüreceğim, akşam sofrada hararetle üstüne konuşabileceğimiz bir şey bulmak istiyorum. Hızla yaklaşıyorum ona. Ve sonra belli ediyor kendini. İri bir karpuz büyüklüğünde antik bir heykel bu!

İçim içime sığmıyor. Fazla düşünmeden kaldırıp kucağıma almaya çalışıyorum. Ağır. Olmuyor. Nefesim yetmiyor. Bırakıyor ve tekrar yüzeye çıkıyorum. Oksijen! Hızla sahile bakıyorum.

Ahmet orada, yüzüstü uzanmış güneşleniyor. Seslenip dikkatini çekmek istiyorum ama o nefese bile ihtiyacım var. Yardım istemeli miyim? Ama ona sürpriz yapmak istiyorum. Dedim ya, çocuk gibiyim. Benim keşfim bu! Sakince birkaç nefes alarak ciğerlerimin güç toplamasını bekliyorum. Deniz gözlüğümü güzelce takıp heykelin yerini tespit ediyorum önce. Derine en hızlı ulaşmanın yolunu düşünüp tartıyorum kafamda. Sonra kıvrak bir hareketle dalıyorum son bir defa.

Bacaklarımı hızla çırpıyorum. Kollarımla suyu yararak ilerliyorum. Hedefine kitlenmiş bir avcı gibi keskin ve kendine güvenliyim. Kulaklarımdaki basıncı yok sayıyorum. Nefessizliği düşünmemem lazım. Bedenimde kalan oksijen miktarını düşünürsem nefesimin daha da daralacağını biliyorum. Akşam yemeğine odaklanıyorum. Dolapta bamya var ve pazardan aldığım leziz domatesler.

Heykel şimdi ellerimin arasında. Detaylara bakıyorum. Pelerinli ve Romalı asilzadelere benzer bir duruşu olan bir adam bu. Neredeyse hiç zarar görmemiş. Daha fazla bakamıyorum. Çıkmam lazım. Var gücümle yerinden kaldırıp kucağıma alıyorum. Yüzyılların yükünü çekmişçesine ağır. Yukarı bakıyorum. Güneş denizin yüzeyine uzanmış sessizce "Bana gel," diyor. Keşfin heyecanı ya da bamya aklımı dağıtmaya yetmiyor artık. Nefessizim. Bacaklarımda kalan tüm kuvveti kullanıyorum. Ölümün kıyısında mı geziniyorum şu an? Anlık bir heyecanın bedeli yaşamım olabilir mi? Oksijenin terk ettiği bedenimi panik devralıyor. Ama inatçıyım. Annem gibi. Kardeşim gibi.

Heykeli tek elime alıp diğer elimi de kullanarak hız kazanmaya çalışıyorum. Nizami bacak hareketlerinin yerini çırpınmalar alıyor. En sevdiğim evren hızla cehennemime dönüşürken, Ahmet'i çağırmadığıma yanıyorum. Pisi pisine ölümün sözlük anlamı olmak üzereyim. Çırpınmalarıma zonklamalar eşlik etmeye başlıyor. Başım, gırtlağım, sinüslerim çatlayacak gibi. "Ahmet beni affet..." zihnimden son geçen sözler bunlar mı?

Her şey kararırken, dibe mi yüzeye mi gittiğimi fark etmediğim bir anda güneşi hissediyorum. Ve sonra soluk! Ciğerlerim benden nefret ediyor. Bedenim kararlarımdan tiksiniyor. Ama oksijene kavuştukları için de minnettarlar. Gözlerimde renkler patlıyor. Görüntü yavaş yavaş geri geliyor. Biraz toparlayınca hızla sahile bakıp mesafeyi ölçüyorum. Heykeli kucağımda uzun süre tutmayacağımı biliyorum. Tek koluma ve bir çift bacağıma emanet ediyorum heykeli ve kendimi. Bedenimde kalan dermanın son kırıntılarını kullanarak kıyıya doğru ilerliyorum. Bir süre sonra ve nihayet ayaklarım çakılları hissediyor. Gerisi kolay.

Yaralı bir asker gibi sendeleyerek, ağır ağır sudan çıkıyorum. Önce dizlerimin üstüne çöküyor, ardından sırtüstü çakılların üstüne bırakıyorum kendimi. Bir elim hâlâ heykeli tutuyor. Diğer elim göğsümde. Hızla inip kalkıyor. Uzaktan Ahmet'in sesini duyuyorum. Yaklaşıyor. Koşuyor. "Nergis!" diye bağırıyor. Akşam yemekte yapacağım bamya var aklımda ve uzun uzun üstüne konuşacağımız keşfim. Bir gülümseme yayılıyor yüzüme.

Mayıs 1994

9.

Günler iyiden iyiye birbirine benzemeye başlamış, bunu pek de yadırgamaz olmuştum. *Zamanın Mayası* yerine başka senaryo fikirleri bulmaya çabalasam da nafileydi. Belki aklıma bir fikir gelir diye ya evde oturup tavana ya verandaya çıkıp bahçeye ya da sahile inip denize bakıyordum. Belki tanıyıp tanımadığım herkesi mest edebileceğim henüz çekilmemiş bir film gelip beni bulur diye. Boş bir otobana bakıp bir arabanın geçmesini bekliyor gibiydim ama giden gelen yoktu. Öte yandan bulunduğum yerde durduğum sürece bu durum beni rahatsız etmiyordu. Sorun İstanbul'a elimde senaryomla dönmemi bekleyen insanlardı. Kendimi kanıtlamam gereken dostlarımdı. Arayıp soranlara senaryoyu yarıladığımı söylüyordum. Palavracının tekiydim. Tüm bu palavralarımın Musa Bey'in kulağına gittiğini de tahmin ediyordum. Biricik yönetmeni yuvadan uçmuş kendi filmini çekecekti. Muhtemelen sinirinden köpürüyordu adamcağız.

Öte yandan gözümü her kapadığımda kafamda *Toz Duman*'dan sahneler döner olmuştu. Sanki dizi beni geri çağırıyor, zihnimi ele geçirmeye çabalıyordu. Kovalama sahneleri, patlayan silahlar, kötü diyaloglar aklımda dönüp duruyordu. O gün eski dizimin bana daha fazla akıl oyunları oynamasına müsaade etmemek için Nergis Teyze'nin kitaplığına başvurmaya karar verdim. Bu mütevazı, sıra sıra dizilmiş, ağırlıklı romanlardan oluşan seçkiyi belki bir ilham çıkar umuduyla karıştırmaya başladım. Rastgele, elime geçen kitabın önce kapağına ve adına bakıyor, ilgimi çekerse arka kapaktaki tanıtım yazısına bakıyordum. Daha da ilginç bulursam biraz daha karıştırmak üzere kenara koyuyordum.

Bir süre sonra ayıkladıklarımın epey biriktiğini fark edip sayfalarda gezinmek üzere kanepeye uzandım. Yörenin rüzgârı her zamanki cömertliğiyle esmeye devam ediyor, uçuşan perdeler bazen sayfalarla arama giriyordu. Birkaç saat entrikalı dönem romansları, 70'lerden kalma casus romanları ve kuvvetli hayal mahsulü bilimkurgular arasında turladım. Ama aradığımı bulamadım. Gerçi zihnim yaptığım eyleme müteşekkirdi, eğlenmişti ama aradığımı bulamamıştım.

Neden sonra, kitaplığı karıştırmaktan keyif alan ben, keşif alanımı genişletmeye karar verdim. Çöp karıştıran bir rakun gibi önce kitaplığın alt bölümlerindeki kutuları çıkartıp boşalttım. Çoğu rahmetli kaptanın dünyanın dört bir yanından ailesine gönderdiği kartpostallarla doluydu. Hanoi, Dubai, Hamburg, Rio de Janeiro, Barcelona, Tokyo... uzayıp gidiyordu. Ahmet Kaptan dünyayı tavaf etmiş ama son nefesini burada, Akdeniz'de vermişti. Ailesine yazdıklarını pek okumadım, hızla göz gezdirmekle yetindim. Kartpostallar dışında eski el ilanları, ömrünü tüketmiş biblolar, ucuz bilezikler ve 80'lerden kalma, hafif solmuş bazı fotoğraflar vardı. Tanımadığım bir dolu simanın arasında Nergis Teyze'nin gençlik ve Deniz'in çocukluk fotoğrafları gözümden kaçmadı.

Sonra bu sitede çekilmiş toplu bir fotoğrafa denk geldim. Rahmetli kaptanın da aralarında bulunduğu kalabalık bir grup kameraya gülümsüyordu. Nergis de aralarındaydı. Hatta Nezih ve Sinan da... Sinan sıranın en sağındaydı. Ama kameraya değil sıranın diğer ucuna bakıyordu. Sıranın diğer ucunda Nergis Teyze vardı. Sinan'ın gençliği cayır cayırdı. Nergis Teyze de bir içim su. İkisini birbirine yakıştırdığım anda aklıma yakışıksız düşünceler hücum etti. Bir yandan da neden olmasındı? Şimdilerde anneanne ve dede adaylığına, emekli payesine erişmiş olsalar da gençliklerinde rüzgâr gibi esmiş ve tensel cazibenin çekimine gayet tabii kapılmış olabilirlerdi. En azından zihnim bunu onamıştı.

Kutuların yanlarında ise üst üste dizili eski ajandalar vardı. Açıp hızla sayfalara baktım. Ajandalar çalakalem yazılmış skor tablolarıyla doluydu. Az daha bakınca bunların okey ve Amerikano skorları olduğunu anladım. İsimlere baktım... Hemen hemen her oyunda Nergis'in adı vardı. Ara ara Sinan'ın ve Ahmet'in de ismi beliriyordu. Diğer isimler tanıdık gelmedi.

O sırada dışarda küfür kıyamet koptu. Adeta bir cinnet hâli hasıl olmuş, yüksek perdeden sesler gürlüyordu. Camdan kafayı uzatsam da olay mahalini göremedim. Terliklerimi giyip dışarı, sesin kaynağına fırladım. Sitenin tam orta yerindeki boşlukta toplantı gününden hatırladığım bazı simalar ve tanıdık isimler Nezih, Sinan, Havva, İzzet ve Tarık karşılıklı bağrışıyordu. Dediklerini anlamak ise pek mümkün değildi. Taraflar yine toplantı günü alınan nizama uygun dizilmiş gibiydi. Sessizce yanlarına sokulup mevzuyu anlamaya çalıştım. Laf sokmalar ve ithamları ayıkladığımda konunun Nezih Bey ve avenelerinin siteye getirmek istedikleri yeni yasaklar ve önlemlerle ilgili olduğunu anladım.

Yaklaşan savaş ihtimali, dolayısıyla ülkeye ve buralara gelebilecek yeni mülteci dalgalarına önlem amacıyla site duvarlarının yükseltilip dikenli telle çevrilmesini istiyorlardı. Bizimkiler ise bu öneriyi topa tutmuş, kıyasıya kapışıyorlardı.

"Sinan Bey siz mi koruyacaksınız beni siteye Suriyeliler dadanırsa! Siz mi koruyacaksınız bizi bu sapıklardan, haydutlardan!" Havva Hanım komşumun üzerine yürüyordu. "Kendi güvenliğim için dikenli tel istiyorum. Hatta kamera olsun, sitenin girişine şifreli kapı konsun istiyorum. Gerekirse güvenlik elemanı alınsın, 7/24 sitenin girişinde beklesin. Bekir zaten anca sitenin işleriyle ilgilenebiliyor. Ben bu canı seviyorum Sinan Bey! Yok öyle bedavadan tehlikeye atmak!"

"Havva Hanım gözünüzü seveyim, Allah'ın unuttuğu bir yerdeyiz, tilki bile dadanmıyor sitemize göçmenler mi dadanacak. Gelmeyin şu haberlerin gazına. Bilip bilmeden okuyorsunuz haberleri sonra maşallah hayal gücünüz hepimize dert oluyor."

Dünyanın hâli site ahalisine de nüfuz etmeye başlamıştı. Belki başı boş bırakılmış bu tuhaf sitenin üstüne bir nükleer bomba asla düşmeyecekti, hatta Üçüncü Dünya Savaşı çıksa burada bir kurşun dahi atılmayacaktı. Ama küresel histeri hâli çatlaklardan içeri buraya da sızmaya başlamıştı. Gerçi kavga buradan kopmuş olsa da gelinen nokta bambaşkaydı. Kimileri site içerisinde bikinili, mayolu dolaşılmasından duyduğu tiksintiyi ilan ediyor, kimisi slip mayo giyen erkeklerin siteden kovulması gerektiğini düşünüyordu. Slip mayoyu savunmak zorunda kalan Sinan yaşlarında bir adam taşaklarını gösterip "Bunları da mı yasaklayacaksınız!" diye haykırıyordu.

Bir yandan Sinan da boş durmayıp site duşlarında şampuanlı yıkananlara saydırıyor, Nezih Bey de "Yukarıda Allah var!" diye inleyip parmağıyla gökyüzünü işaret ediyordu. İzzet ise kendini yumruklarıyla ifade etme konusunda ısrarcı kardeşini yatıştırmakla meşguldü. O sırada Maya'yı gördüm. Sitenin diğer tarafındaki bir evin duvarına dayanmış eğlenir bir ifadeyle kavgayı izliyordu. Az ilerisinde de sitenin bekçisi Bekir duruyordu. O da ağzına bir ot parçası almış kavgaya müdahale edeceği anın hesabını yapıyordu.

Güruh varlığımı fark edince kendine çeki düzen verir gibi oldu. Herhalde beni yabancı saydıklarından kendilerini daha fazla rezil etmek istememiş olacaklar ki sesler bir anda kesildi ve taraflar sakince kendi bölgelerine doğru çekildi. Önce Havva Hanım geldi yanıma. İtiraf edeyim biraz tedirgin ediciydi, zira Musa familyasından bir hâli vardı kadının. Sert bakışları yanıma gelir gelmez yumuşadı. "Kusura bakma be oğlum, habire önünde kavga edip duruyoruz. Ama işte ne yapacaksın, bizim site böyle, anlaşamıyoruz be oğlum. Senin adın neydi sahi?"

"Mert," dedim "Ayrıca hiç sorun değil. Alışığız böyle manzaralara. Burası değil sadece, memleket böyle."

"He ya..." dedi ama memleketi işin içerisine karıştırmam pek hoşuna gitmemiş gibi geldi. Ya da ben işkillenmiştim durduk yere. "Neyse Mertçiğim, belli ki büyük şehir insanısın, biraz tuhaf gelebilir sana buralar. Bir ara gel bi çayımı iç." Bir şekilde savuşturmam gerekecekti bu daveti. Neyse ki Sinan geldi, Havva Hanım gitti. Elini omzuma attı. "İyi oldu geldiğin," dedi gülümseyerek. "Yoksa kan çıkacaktı. Şu genç Tarık'ı tutmak zor olurdu valla."

"Nergis Teyzelerin bilmesi gereken bir durumsa haber vereyim mi?" diye sordum hemen.

"Yok yok, gerekirse ben ararım zaten," dedi. Demek ki hâlâ iletişimleri vardı.

Nergis ve Sinan'ı düşünerek eve döndüm. Kapıda ustalar bekliyordu. "Su deposu için geldik," dediler. "Buyurun," dedim, birlikte yukarı, terasa çıktık. Adamlar metal su tankerlerini gözden geçirirken gereksiz bir sorumluluk bilinciyle başlarında dikildim. Bir yandan da sosyal medyada berbat haberler arasında gezindim. Ustalardan biri sıkıldığımı anlamış olacak ki "Hocam nükleer savaş çıkacak diyorlar, ne diyosun?" diye seslendi bana. "Olabilir," dedim. Çünkü olabilirdi gerçekten. Ama çıksa bile atom bombaları yerküreyi sallarken buradakiler mutlu mesut hayatlarına devam ederdi. En fazla fikir ayrılıkları üzerine az önceki gibi didişirlerdi o kadar. Bakmayın bana nükleer savaş çıkar mı diye sorduğuna, aslında umurunda falan değildi adamın. İşte ben de onlardan biri olabilirdim. Dünyanın sonundaki kıyıya kurulmuş gibi hissettiren bu yerde kıyamete sırtımı dönebilirdim.

Ustalardan biri savaş mevzusunu uzatıp sıkıntısına paydaş bulma çabasındayken neyse ki diğeri araya girdi. "Abi," dedi. "Bu deponun değişmesi lazım." Deniz'i arayıp durumu anlattım. Elimle *OK* işareti yapıp işe onay verdim. Ustalar depoların içinde kalan suyu boşaltmaya başladı. Bir süre daha terasta onlarla kalmak durumundaydım.

Deponun suyunun boşalması bir yarım saat sürdü. Sonra "Söküyoruz abi," dediler. "Sökün," dedim, alın götürün der gibi bir el hareketiyle. Talimat vermek hoşuma gitti o an. Sette hissettim kendimi.

Ustalar, biri yatay, biri dikey depolardan birini sökmüş ve sırtlamak üzereydiler ki adamlardan biri ayağına takılan bir şeyi ayakkabısının tersiyle ittirdi. Cisim su deposunun bulunduğu platformdan uçup önüme düştü. Özensizce siyah naylona sarılmış, kitap boylarında bir şeydi. Merakla eğilip elime aldım. Uzun yıllar bulunduğu yerden çıkmamış bir hâli vardı. Paket kolayca açıldı ve içinden siyah kaplı şık bir defter çıktı ve ilk sayfaya bakmamla birlikte, görünen o ki, Nergis Teyze'ye ait bir günlüktü elimde tuttuğum.

10.

Günlük, bir süre kanepenin önündeki masanın üzerinde durdu. Ben ona baktım, o da bana. Yakinen ya da uzaktan tanıdığınız birinin günlüğünü bulmak mahcup bir heyecan yaratıyordu insanda. Birkaç kez elime alıp hızlıca göz gezdirsem de okuma hakkını bulamadım kendimde. Ama beni asıl rahatsız eden bu günlüğün su deposunun altına saklanmış olmasıydı. Gözümün ucuyla baktığımda atılan tarihleri görmüş ve 1994 yılından, yani Kaptan'ın kaybolduğu seneden olduğunu anlamıştım. Sonuçta kadın bir trajedi yaşamış, eşi koca denizde kaybolup gitmişti. Hatırlamak istemeyeceği şeylerle doluydu belki de günlük. Ama yine de neden su deposunun oraya saklasındı ki?

Masanın üstündeki günlük gerginlik de yaratıyordu bende. Sanki izleniyormuşum gibi bir his musallat olmuştu. Perdeyi aralayıp dışarı bakıyor, ne halt yemek üzere olduğumu gören var mı, yok mu diye bakıyordum. Baktığım seferlerden birinde Sinan'ı gördüm. Dolu bohçasıyla camın önünden geçip evine yöneldi. Biraz aklım dağılsın diye Sinan'a gitmeye karar verdim. Bohçasını balkonundaki masaya bırakmıştı. Adını seslendim, yanıt gelmedi. Bohçasına baktım kekik doluydu. Biraz elime alıp kokladım. Ama elimi bohçaya daldırınca kekiklerin altında canlı renkleriyle parıldayan çiçekleri gördüm. Geçen gün yar boyunca bitmiş o çiçeklerdi bunlar. Merakla baktığımda *siktir et* dediği çiçekler.

O sırada Sinan geldi. "Hayrola," dedi. "Asıl sana hayrola," dedim elimde tuttuğum çiçeği göstererek. Hâlinden çiçekleri toplamak için epey bir zahmete girdiği belliydi. Yorgun ve kan ter içerisindeydi. Önce afalladı. Sonra bir hışımla bohçayı kapıp içeri koydu. "Yakışıyor mu hiç sana başkalarının malını karıştırmak!" diye tersledi beni.

"Yakışıyor mu sana hiç komşuna yalan söylemek!" deyiverdim.

"Ne yalanı?" dedi.

"*Allah'ın çiçeği, boş ver* demedin mi sen bana geçen... Baksana toplamışın hepsini!"

"Sen o kadar merak edince, ben de gidip tekrar bakayım dedim."

"*Çıkmışlar!* diye bağırdın sen bu çiçekleri görünce. İnsanlara yalan satmak benim işim Sinan, kaçmaz benden."

Biraz kekeler gibi oldu. Komşumu böylesine sıkıştırmak hoşuma gitmemişti. Lakin Sinan'ın beni çiçeklerden uzak tutmaya çalıştığı her hâlinden belli oluyordu, bu da içimdeki merakı coşturmaktan başka bir halta yaramıyordu.

"Ne bunlar?"

Bir şeyler geveledi ama anlamadım. Devam ettim.

"Burada ne yetişse bilirsin sen. Bir derde mi derman oluyor, çok mu nadir, çok mu değerliler? Niye söylemiyorsun yahu bana?"

Biraz kendine gelip "Anlamazsın sen, boş ver," dedi.

"Kafa mı yapıyor, uyuşturucu mu bir çeşit?" dedim gülerek.

"Torbacı mıyım lan ben, terbiyesiz!" diye çıkıştı. Ağzından baklayı çıkaracaktım. Yaklaştığımı hissediyordum.

"E söyle o zaman, niye topladın bunları?"

"Çünkü kim bilir bir daha ne zaman çıkarlar da ondan!"

"Biliyorsun yani bunun ne olduğunu..."

"Biliyorum evet, ne var! Tebessüm çiçeği onun adı!"

Demek bir adı dahi vardı. Çiçeğin adını söylemesiyle birlikte bir rahatlama geldi yüzüne adamın. Bakışlarını yüzümden ayırıp uzaklara baktı bir süre.

"Ne işe yarar ki bu çiçek?" diye sordum. Merak artık iyice tavan yapmıştı.

Ani bir aydınlanma yaşamış, bir karara varmış gibi bir bakışla "Adı üstünde Mert," dedi gülümseyerek.

11.

Komşumun ağzından baklayı almam epey uzun sürdü. Çıkışmak, trip atmak, yağ çekmek, üste çıkmak, acındırmak, manipüle etmek... Kitapta ne varsa denedim. Ama sanırım kilidi çözen hepimizin bir gün öleceği vurgusuydu. Mümkün olduğunca açık da konuştum. O, çok da uzak olmayan bir gelecekte, muhtemelen, benden önce ölecekti. Bunu aynen bu şekilde söyledim. Belki de nükleer savaş çıkacak ve birlikte ölecektik. Ama hayatlarımız doğal seyrinde ilerlediği takdirde o benden önce dikecekti nalları. Yaşı itibarıyla o yönde ilerliyordu. Bilgiyi kendine saklamanın ne gereği vardı?

"Şanslısın bunu bil," dedi önce. Bu çiçekten başka kimseye bahsetmediğini söyledi. Ben ilkmişim. Nedenini sorduğumda "Talan ederler buraları, bilmiyor musun bizim insanlarımızı," diye izah etti meramını. Nadir de bir çiçekti. Başka hiçbir yerde yetiştiğine şahit olmamıştı. Türlü ansiklopedi, web sitesi karıştırmış, eşine benzerine rastlamamıştı.

Masanın üzerinde duran numuneyi elime alıp yakından baktım. Kokladım. Bir kokusu yoktu ama yakından daha da tuhaf gözüküyordu. Orta yerindeki mavi tohumlar adeta neondu. Gözümü alıyorlardı. Siyah yaprakları ise o kadar karaydı ki baktıkça içi ürperiyordu insanın.

Ama önemli olan görüntüsü değildi. Etkisiydi. Öyle dedi Sinan. Tebessüm çiçeği ile tanışmam için de beni yine evine davet etti. "Üç-dört akşam sonra gel, anca hazır olur," dedi.

12.

Ertesi gün Füsun'dan beni ilçe merkezine götürmesini rica ettim çünkü sitenin oradan herhangi bir minibüs ya da taksi geçmiyordu. Buzdolabı tamtakırdı. Markete gitmem gerekiyordu. İlçeyi ortadan ikiye bölen geniş bulvar üzerinde bıraktı beni. "İşin bitince ararsın," dedi. Arabasından Rumca şarkılar yükseliyordu. "Kıs istersen biraz," dedim. Tüm cadde boyunca direklere ve evlerin balkonlarına Türk bayrakları asılmıştı. Yaklaşan cihan harbine karşı hislerini böyle gösteriyordu insanlar. Füsun sesi biraz daha açarak ağzında sigarasıyla "Müzikten kimse ölmez Mert, korkma," dedi ve gaza bastı.

Markette yörenin yerlisi ve yabancısı müşteriler kliманın verdiği serinlikle terliklerini şaklata şaklata, ağır ağır dolanıyorlardı. Turist olanlar kendilerini kolaylıkla belli ediyordu. İşin tuhafı bir ayda buraların yerlisi kıvamına gelmiş olmamdı. Aval aval dolanan turistlere dayanamıyordum. Canımı sıkıyorlardı.

Sepetimi ihtiyaçlarımla hızla doldurmak üzere gezinirken meyve reyonunda Maya'yı gördüm. Kot şortu, kırmızı tişörtü ve deri terlikleriyle reyonu aydınlatıyor, elindeki kolayı yudumlayarak ürünlere değil telefonuna bakıyordu. Yanına yaklaştım ve "Buon giorno," dedim. Hızla döndü. Yüzünde anlık bir gülümseme belirdi. "Ciao," diye yanıtladı.

Napoli'de olduğumuzu hayal ettim bir an. Marketten çıkıp Vespa'mıza atlayıp kuytu bir koya gidecektik birazdan.

"Ne yapıyorsun burada?" diye sordum.

"Ne yapayım Dominik Cumhuriyeti buradan kaç kilometre uzaklıkta ona bakıyorum."

"Hayrola?"

"Görüyor musun şu meyveyi?" dedi gözüyle mangoyu işaret ederek.

"Evet, ne var bunda?"

"Eline al, etiketine bak." Dediğini yaptım. "Ne yazıyor orada, nereden gelmiş?"

"Dominik Cumhuriyeti yazıyor."

"Aynen, Dominik Cumhuriyeti yazıyor."

"Eee?"

"Eee'si şu, bu arkadaş ta Karayipler'den kalkıp, okyanusları aşarak buraya, şu reyona kadar gelebiliyor ama ben bu dandik siteden çıkıp istediğim herhangi bir yere gidemiyorum. Şuraya bak!" dedi egzotik meyveleri göstererek. "Dünyanın her yerinden buraya akın akın gelen meyvelere bak. Sanki ihtiyacımız varmış gibi. Yemin ediyorum dünyanın sonu nükleer bombadan falan değil bu açgözlülüğümüzden gelecek."

"Boşver canım sen de. Allah'ın meyvesi işte. Sen niye kendini üzüyorsun ki şimdi bir mango yüzünden."

"Hayaller kıymetli şeyler, kimse onlarla alay etmemeli Mert," dedi.

Gülümsemesini sağlayacak birkaç küçük espri yaptım. Markette zombi gibi dolananların taklidini yapmam işe yarasa da çok konuşası yok gibiydi. "Caretta Bar'da görüşüz," diyerek izin istedi. Varlığımın onu rahatsız edip etmediğini anlayamıyordum bir türlü.

Elime tutuşturduğu mangoyu da alıp kasaya yöneldim. Füsun beni marketin otoparkında bekliyordu. Makul bir dostluk kurmuş gibiydik onunla. Uzaktan da olsa ortak tanıdıklarımız bile vardı. Bir kere aynı dili konuşuyorduk. İstanbul'da takıldığımız yerler, soluduğumuz hava aynıydı. En azından eskiden. O geride bırakmıştı İstanbul'u. Bense buna aday mıydım? Arabasına doğru ilerlerken bu ihtimal hızlıca yokladı beni.

Hava, kaldırımda yumurta kırıp afiyetle yiyebileceğiniz kadar sıcaktı. Füsun'la siteye dönerken mangoyu elimde tutuyordum. Radyoda Rumca şarkılar çalmaya devam ediyor, arada sunucu anlamadığımız anonslar geçiyordu.

"Bu mango Dominik Cumhuriyeti'nden gelmiş buraya Füsun," dedim. Gözlerini yoldan ayırmadan "Saçma," dedi.

"Dünya bu kadar küçük olmamalıydı," dedim. "Şu meyvenin yaptığı yolculuğu hayal edebiliyor musun? Aşılan okyanuslar, tepilen yollar..." Maya'nın söylediklerini tekrar ediyordum ve ettikçe anlıyordum ki haklıydı. Mango inanılmazı başarmış dünyayı dolaşıp Akdeniz kıyısındaki bu küçük ilçede beni bulmuş ve şimdi afiyetle yenmeyi bekliyordu. Anası sayılan ağaç ise Dominik Cumhuriyeti'nde bir yerlerde topraktan su çekip dünyanın dört bir yanına dağıtmak üzere yeni bebekler üretiyordu. Mango başarmıştı. Sistem başarmıştı. Market başarmıştı. Dominikli mangoyla bir aradaydık artık. Mango giderek daha da sinirimi bozuyordu. Camı açıp meyveyi yolun kenarına salladım.

"Belki de dünyanın gerçekten bir savaşa ihtiyacı vardır Füsun."

13.

Sözleştiğimiz üzere iki gün sonra tebessüm çiçeğinin gizemini öğrenmek üzere Sinan'a gittim. Çardağın ışıkları kapalıydı ve asmalarla iyice kararan ortamı sadece civar evlerin cılız ışıkları birbirimizi görmeye yetecek kadar aydınlatıyordu.

"İkimiz miyiz sadece?" diye sordum işaret ettiği sandalyeye otururken.

"Dedim ya Mert, bu herkesle paylaşılacak bir şey değil. Kendini şanslı say dedim. Açıkçası beni enselememiş, ardından da ikna etmemiş olsan seninle de paylaşmazdım."

"İyi peki madem... Işıklar niye kapalı, voltaj sorunu mu var?"

"Az sonra anlarsın. Ama önce sana biraz anlatayım tebessüm çiçeğini. Her bitkinin bir gücü, insan üzerinde bir etkisi ya da doğada bir görevi vardır. Ya da insanların bitkilere yüklediği anlamlar. Mesela Meksikalılar kadife çiçeğinin Ölüler Gününde yakınlarını ziyarete gelen ruhlara yol gösterdiğine inanırlar. Ya da cinlerin incir ağaçlarında yaşadığına inanılır. Bizim tebessüm çiçeğinin de böyle bir ruhani işlevi olabilir, henüz bilmiyorum ama şunu biliyorum insanoğlu üzerinde benzersiz bir etkiye sahip."

Kaşlarımın kalkmasından şaşkınlığımı anlamış olacak ki devam etti. "Korkma, korkma herhangi bir uyuşturucu etkisi yok." Kahkahayla tamamladı cümlesini. "Neyse anlatılacak şey değil, ben içeceklerimizi getireyim hele."

Birkaç dakika sonra karanlık çardak Sinan'ın tepside getirdiği iki bardakla aydınlandı. Bardakların içindeki neon yeşil sıvı bir fener gibi ışık yayıyor, Sinan'ın yüzü yayılan ışıkla yeşile dönmüş parlıyordu. Yüzünde çocuklara has bir gülümseme vardı. Yavaşça bardağı önüme koydu. Yaklaşarak ışık saçan içeceğe baktım. Gazozdakilere benzer hava kabarcıkları yüzeye doğru hücum ediyordu. Yoğun gibi gözükse de bardağın içini görebiliyordum. Hafif bir vanilya kokusu geliyordu burnuma. "Bu ne?" diye sorabildim bir süre sonra.

"E tebessüm çiçeği işte," dedi Sinan. "Çiçeği sapından ayırıp üç kez distile ettikten sonra çıkan yağı suyla karıştırınca bu çıkıyor ortaya. Ben biraz kıvam versin diye içine soda basıyorum. Gazlı içecek gibi oluyor. Tadı şahanedir ama asıl mahareti etkisinde." İçmemi bekler gibi bir sessizlik ekledi cümlesinin sonuna merakla yüzüme bakarak. Geçtiğimiz birkaç haftada güvenimi ve sevgimi kazanmış bu adamın beklentisini karşılamaya karar vererek, tedirginliğimi de bir kenara bırakarak tebessüm çiçeğinin tadına baktım.

Tadı içine vanilya katılmış Capri-Sun gibiydi. İlkin etrafında gereksiz bir gizem yaratılmış bu heyecanın hafif bir hayal kırıklığı yarattığını düşünsem de fikrimin değişmesi uzun sürmedi. Önce yüzüme komutunu beynimin vermediği bir tebessüm yayıldı. Sonra da tebessümün rahatlatıcı etkisi tüm bedenim ve zihnimi sardı. Sanki ayak parmaklarıma dahi bir tebessüm yerleşmişti. Bu hissi hemen özümsedim ve derin bir rahatlama çöktü üstüme. Çamaşır makinesinden yeni çıkmışım da kuruyayım diye güneşe bırakılmış, akça pakça beyaz bir tişört gibi hissediyordum. Damarlarımda coşkuyla dolaşan huzur gözlerimi yaşartmak üzereydi.

"Yaaa..." dedi Sinan bir süre beni süzdükten sonra. "İşte bizim çiçek böyle bir şey. Adamı mest eder." O da içeceğinden bir yudum aldı ve yüzüne yayılan tebessümle bana bakmaya başladı. Bir süre ama ne kadar süre bilmiyorum, sadece birbirimize baktık. Gezegen günlük turunu atarken biz de ona eşlik ettik. Ağustos böceklerinin sesleri bile bir senfoni gibi geliyordu.

"Tebessüm çiçeği işte böyle bir şey Mertcim. Bu dünyadan anlık bir kaçamak ya da mutluluğa giden kestirme bir yol. Mesela hiç sevmediğin bir şeyi ya da birini aklına getir. Hani düşününce bile tiksinti veren, canını sıkan birini düşün mesela."

Düşündüm. Musa Bey'in yüzü belirdi zihnimde. Normalde acayip canımı sıkılır, göğsüme ağırlık çökerdi. Ama olumsuz hiçbir his uyanmadı içimde.

"Yaa, di mi? Nasıl ama! Etkisi de bundan ibaret yalnız, fazlasını bekleme. Yan etkisi de yok. Yarın sürünerek kapıma gelip *yok mu dahası* demezsin yani." Sandalyesinde iyice yayılıp gökyüzüne baktı. "Savaş zamanı için de birebir. Dünya yok oluşa sürüklenirken arkana yaslanıp şunu içmekten daha kıyak bir hareket düşünebiliyor musun?"

"Kimse bilmiyor mu tebessüm çiçeğini?"

"Yok, sadece Füsun, sen ve ben... Füsun benim bir tanemdir, sırdaşım, dert ortağımdır. Babasının mekanını devraldığından beri yaz, kış burada. Öncesinde de sık sık gider gelir tüm yaz mevsimini burada geçirirdi. Tebessümü ilk bulduğumda tadına bakmıştı ve o da *aman Sinan bundan kimseye bahsetme* demişti."

"Ne zaman buldun çiçeği ve bu damıtma fikrini?"

"Epey oluyor... Yıllar..." Şöyle bir düşündü. "94 senesi falandı sanıyorsam."

Kaptan'ın kaybolduğu seneydi bu. Nergis'in henüz okumaya yeltenemediğim günlüğünü hatırladım. Günlük de 94 senesinden değil miydi? İster istemez bir merak hasıl oldu içimde. Niye her şey 94 senesini işaret ediyordu? Neler olmuştu Harabeler Sitesi'nde 1994'te?

"Neden bunu kendine sakladığını anlamıyorum. Herkesin kola, çay ya da kahve yerine bundan içtiğini düşünsene! Kim bilir belki de dünya daha iyi bir olurdu. Belki savaşmak yerine gülümserdi sadece insanlar."

Tüm insanlığı aynı anda gülümserken hayal ettiğini fark ettim.

"Doğru diyorsun. Haklısındır belki de dünyayı kurtarsa kurtarsa bu çiçek kurtarır! Bakalım, belki bir yerlere başvurur patentini alırım. Tüm dünyaya şunu içirsek var ya!"

"Dünya savaşı çıkacak mı sence?"

"Eh be Mertcim, savaş hep var ki zaten. Ne zaman yok ki. Ben kendimi bildim bileli Üçüncü Dünya Savaşı çıktı çıkacak derler. Adını koyarsan dünya savaşı olur, koymazsan başka bir savaş olur. İnsan dediğin huyundan vazgeçmez ki. Cenk etmek, kan dökmek, bir yerleri ele geçirip yağmalamak ister insanoğlunun canı. Bu böyle gelmiş, böyle gider. Ama tabii bilemeyiz. Sonuçta birilerinin parmaklarının ucunda nükleer düğmeler var. Bir bakmışsın, BAM! Dünya dümdüz. Bak bunları anlatırken bile tansiyonum zerre oynamadı, tebessüm çiçeği sağ olsun."

Sinan'ı dinlerken bekçi Bekir'i gördüm. Çöp toplama turuna mola vermiş uzaktan bizi süzüyordu. Ne yaptığımızı ne konuştuğumuzu, ya da ikimizin birlikte ne anlama geldiğini çözmeye çalışır bakışları vardı. Sanki hakkımızda hayırlı bir hükme varmazsa ipimizi çekecek gibiydi. Sinan'a bir şey demedim. Bir süre Bekir'le bakıştık. Boylu poslu biriydi. İstese bir hamlede beni tuş edecek cüssedeydi. Bir tedirginlik hissetmem gerektiğini düşünsem de kaygısızca bakmaya devam ettim ona. İçeceğin etkisiydi herhalde. Sonra devam etti yoluna. Biz de muhabbetimize. Yüzümüzde birer tebessüm, yerküremizde yaklaşan olası bir kıyamet ve bedenimizde süzülen çiçekle bir noktada geceye karıştık.

14.

Üzerimde helikopterler turlamaya başladığında Nergis Teyze'nin günlüğüne henüz başlamıştım. Global savaş tedirginliği, tepetaklak piyasalar yüzünden sahil ve antik kentten insanlar iyice çekilmiş, buralar neredeyse tamamen bizlere, site sakinleriyle yöre insanlarına kalmıştı. Dolayısıyla o sırada koca sahilde üç beş kişiden ibarettik.

Sinan'ın cömert ikramının lezzeti ve şaşkınlığı iki gündür kafamda dönüyordu. Dediği gibi, daha fazlası için kapısını tırmalamıyordum ama üstümde bıraktığı iyimserlik, yüzüme yaydığı tebessümün huzuru içime işlemişti. Dünyanın böylesi bir gizemini keşfetmenin verdiği tuhaf bir ayrıcalık hissi de vardı. "Birkaç güne daha fazlasını damıtırım," demişti komşum. Onu bekliyordum ben de heyecanla ve tabii Nergis Teyze'nin günlüğünü karıştırmayı...

Kendimi günlüğü okumaya ikna etmem biraz sürse de sonuçta konuyla ilgili herkesten kilometrelerce uzaktaydım. Enselenemez, yargılanamazdım. Hem ayrıca üçüncü dünya savaşı burnumuzun dibinde bir dinamit gibi patlamak üzereydi. Ne yaptığımın ne önemi vardı? Ahlakın söz hakkı kalmış mıydı? Belli ki vicdan da ortalıklarda değildi. Geleceği de yoktu. Ben de tatlı bir öğleden sonra günlüğü yanıma alıp sahile indim. Havlumu serip üstüne uzandım. Yavaşça ilk sayfayı okumaya başlamıştım ki tepemde helikopterler belirdi. İki helikopter peşi sıra tepemden geçti, denizin üstünde, biraz açıkta tur atmaya başladı. Günlüğü kenara bırakıp ne yaptıklarını anlamaya çalıştım. Başta savaş ihtimaliyle ilintili diye düşündüm. Bir süre sonra burun tarafında bekleyen iki ambulans ve bir jandarma aracı çarptı gözüme. Çektiğim diziden aşinaydım. Önümdeki berrak deniz olay mahaline dönüşmüştü artık. Henüz mevzuyu bilmiyordum ancak belli ki adli bir husustu bu.

Aklımda yine çektiğim dizinin sahneleri dönmeye başlamıştı ki telefonum çaldı. İlginç bir tesadüf eseri arayan *Toz Duman*'ın başrol oyuncusu, dizinin en sevilen karakteri komiser Turan'ı canlandıran Haluk'tu. Oyunculuğu piyasa yapmak için kullanan ahlaksız herifin tekiydi ama komik de bir tipti. Huyundan suyundan hiç hazzetmesem de sette beni en çok güldüren insanlardan biriydi. Canlandırdığı karakterin de hakkını veriyordu. Ama zerre özlememiştim. Yine de açtım telefonu.

"Üstadıııım, hocaaam! Sen nerelerdesin yahu?" Her zamanki gibi yayık yayık konuşuyordu. "Yahu biz sensiz buralarda öksüz kaldık, mahvolduk be hocam! Senin gibi bir yönetmen bu sete ayak basmadı Mert'im, bir tanem, sen nerelerdesin yahu?" Yalakalık yapmakta da üstüne yoktu.

"Uzaklardayım Haluk, biliyorsun bıraktım diziyi."

"Yahu hocam biliyoruz, tüm set biliyor da kabul etmek istemiyoruz!"

"Niye, n'oldu beni mi özlediniz?"

"Özlemek ne kelime! Yokluğunda bittik biz! Getirdiler kendini beğenmiş çömezin tekini, affedersin ağzına sıçtı bıraktı dizinin. Ne keyfimiz kaldı ne karizmamız ne düzenimiz. Reytinglere de yansıdı. Bakmışsındır gerçi, kaçmaz senden hocam, di mi?" Filmlerdeki kötü adamlara yaraşır sinsi bir kahkaha attı üstüne.

"Yok bakmadım..."

"Ya hocam bak, sen yoksan bu dizi yürümez. Anladık, kafan şişmiş, yorulmuşun, kendi filmimi çekicem demişin, basmışın gitmişin... De! Şimdi eğri oturup doğru konuşalım üstadım, kimse senin çekeceğin filmi merak etmiyo. Herkes senin çekeceğin yeni *Toz Duman* bölümlerini merak ediyo. Hele şu ortamda, savaş mavaş, piyasalar desen bombok, biraz zor çekersin o filmi. Sen o hayalleri bırak, gel dön bak yuvana."

En son istediğim şey tekrar Haluk'la yine aynı havayı solumaktı.

"Musa Bey mi arattırdı seni?"

"Aşk olsun ya, aşk olsun ya! Ben o kodamanın emir kulu olacak adam mıyım Mert? Özledik diyorum, lazımsın diyorum. Başlatma şimdi Musa Bey'ine!"

"Peki, madem..." Adım gibi emindim Musa Bey'in zorla arattırdığına. "Haluk," dedim "Bu ortamda diziyi de bitirirler."

Bir kahkaha daha attı. "Ya âlemsin hocam. Ne çabuk unuttun sen bizim sektörü. Ya bu ülke bölünür ama diziler devam eder. İçin rahat olsun senin. Ne o ya arkada helikopter sesleri? Sete döndün mü bile yoksa?"

Haluk'un dediği doğruydu. Ne olursa olsun dizilerimiz halkımıza hikâyeler satmaya devam edecekti.

"Nerede olduğunu söyle geleyim yanına. Belki ekipten biriyle biraz konuşmak iyi gelir sana, ha?" Bir şeyler geveleyip telefonu kapadım. Yerimi söylesem Musa'nın adamları kapımda biterdi. Ama Haluk huzurumu kaçırmıştı bir kere. *Toz Duman* kafamda tüm hızıyla dönmeye başlamıştı yine. Bir sevgi-nefret ilişkisiydi bizimkisi. Neyse ki telefonum yine çaldı. Bu kez arayan eski sevgilim, dostum, yargıcım Banu'ydu. Ne diyeceğini biliyordum. Senaryoyu soracak, hiçbir bir şey yapmadığımı hemen sezecek ve beni bir güzel kalaylayacaktı. Açmasam daha iyiydi ama sesini duymak istiyordum. *Eski* olsak da seviyordum onu. *Eski* olsak da hep yeni kalmayı başarıyordu benim için.

Sesi tedirgindi.

"Mert iyi ki burada değilsin. İstanbul çok sevimsiz. Resmen herkes diken üstünde. Sürekli göz altılar, gıkını çıkarsan linç ediliyorsun. Takatim inan kalmadı. Ya biz neden senle zamanında yurt dışına taşınmadık Mert?"

"E dizi vardı biliyorsun."

"Hay sıçayım dizine. E' n'oldu bıraktın diziyi işte sonunda!"

"Yurt dışına gitsek ne olacaktı? Birbirimizi orda terk edip Türkiye'ye dönecektik yine."

"Ben dönmezdim belki."

"E, bensiz gitseydin o zaman."

"Mert sana bir rahatlık gelmiş orda. Sesin sakin, huzurlu... Olacak iş değil. Daha da sinirimi bozdun sen benim. Kapatıyorum."

Senaryomu dahi sormadan kapattı. Aslında Banu bana kızmakta haklıydı ama o zamanlar dizi gerçekten de benim her şeyimdi. O zamanlar diziyi bırakmak aklımın ucundan dahi geçmezdi.

Denizin üzerinde dolanıp duran helikopterlere bakıp Banu'lu yıllarımı düşünürken yine telefonum çaldı. İstanbul sıraya dizilmiş arsızca beni arıyordu. Bu sefer arayan Deniz'di. Gayri ihtiyari annesinin günlüğüne kaydı gözlerim. Sanki yakalanmışım gibi ani bir korku sardı. Muhtemelen İstanbul'daki can sıkıcı iklimden kaçmak için yazlığa geleceklerini söyleyecekti ve buradaki serüvenim son bulacaktı. Hâlbuki tam da hayatıma biraz renk gelmeye başlamıştı. Az bekleyip telefonu açtım.

Deniz her zamanki dingin ve serinkanlı tonunda konuşuyordu. Banu'nun aksine ilk sorduğu şey senaryom oldu.

"Yarıladım..." dedim sayfaların boş olduğunu bile bile. Evi, civarı, keyfimi ve su deposunu sordu. Elimi günlüğün kapağında gezdirerek kısa ve abartısız bir özet geçtim. Lafı çok da uzatmadan kapatmak üzereyken, Sinan'ı sordum Deniz'e. İyice koyulaşan sohbetimize ve tebessüm çiçeğine girmeden *"Arada bir, akşam yemeğe çağırıyor, hoş sohbet adam,"* diyerek ağzını yokladım.

"Ooo, tanıştınız demek! Severim Sinan ağabeyimizi. Epey oldu göreli tabii ama nefis yemek yapar. Hâlâ şifalı otlar peşinde di mi? Selamımı söyle," dedi. Bu taraflara gelmeye niyetleri yoktu belli ki. Neyse ki.

Deniz kapatır kapatmaz telefonu sessize aldım. Artık Nergis Teyze'nin günlüğüyle baş başaydım. Gözüme ilk çarpan kadının nefis el yazısıydı. Baş harflere de ayrı itina göstermişti. Hepsi kendilerini belli eder şekilde gösterişliydi. Rastgele hızlıca göz gezdirdiğim satırlardan edindiğim izlenim ise Nergis Teyze'nin yazmaktan keyif aldığıydı. İyi seçilmiş kelimelerle o gün yaşananları bir bilinç akışı içerisinde kaleme almıştı. Sıkıcı ve rutin şeylerden bahsetmiyordu. Daha çok kendi içsel yolculuğu ve yolculuğun günlük olaylar içerisindeki manevralarına odaklanıyor gibiydi. Bunlar ilk izlenimlerdi.

"Merhabalar Mert Bey..." aniden üstüme düşen gölge ve adımı zikreden sesle irkildim. Sitenin yöneticisi Nezih Bey ben fark etmeden yanı başıma kadar gelmişti. Omuzlarına aldığı havlusu ve mayosundan ibaret kostümüyle bana bakıyordu. Yüzünde insanı huzursuz eden bir gülümseme vardı. En son istediğim şey günlükle kurduğum bağın gereksiz bir sohbetle kesilmesiydi. Ama adamı tersleyecek değildim.

Önce hâl hatır sordu. Bende onunkini sorarak karşılık verdim. Temkinli davranıyordum çünkü nihayetinde sitenin diğer yakasını temsil eden, Sinan'ın düşmanı Nezih Bey'di o. Yüz göz olmak gibi bir niyetim yoktu. "Yönetmenmişsiniz,

Toz Duman'ı çekiyor muşsunuz? Koca yönetmen sitemize gelmiş hiç söylemiyorsunuz Mert Bey!" Ama belli ki sitede haberler hızlı yayılıyordu.

"Haberiniz olmuş ya zaten Nezih Bey," diyebildim tatlı bir yüz ifadesi takınarak.

"Severek izlerdim diziyi hanımla. İzlerdim diyorum çünkü bir noktadan sonra kabak tadı verdi dizi biliyor musunuz? İşinize karışmış ya da eleştirmiş gibi olmayayım ama işte Türk dizileri, uzatacağız diye ciklet gibi çekiştirip duruyorlar, sonra ne tadı kalıyor ne tuzu."

Bu konuda onunla hem fikirdim. Ama sıfır tepki ve mimikle muhabbetin koyulaşmasını engelledim.

"Bizim yeğen de oyuncu olmak istiyordu biliyor musunuz? Hatta bir iki deneme yapmışlığı bile var. Tanışmışsınız sanırım, adı Maya..."

Demek Maya Nezih Bey'in yeğeniydi. Demek gerçekten oyuncu olmak istiyordu. Maya'nın iddia ettiğinin aksine İzzet doğru hatırlıyordu. Belki de o yüzden mesafeliydi. Heyecanını çok açık etmek istemiyordu. Öte yandan Maya'nın dostum Sinan'ın can düşmanı Nezih Bey'in yeğeni olması beni üzmüştü. Aralarında herhangi bir kan bağının en ufak bir izi dahi yoktu hâlbuki.

Normalde nezaketen oyunculukla ilgili bana danışabileceğini falan söylemem gerekirdi ama "Tanıştım fakat oyunculuğa ilgisi olduğunu bilmiyordum," dedim. Nezih'i konunun dışında tutmak en iyi olacaktı.

Araya kısa bir sessizlik girdi. Gülümseyerek bana bakmaya devam ediyordu. Sonra "Ne okuyorsunuz?" diye sordu, gözüyle günlüğü işaret ederek. Günlüğü gayrı ihtiyarı havlunun altına ittirip *kendime ait notlar* gibisinden bir şeyler geveledim. Belki gider umuduyla gözümü deniz diktim ama o da fayda etmedi.

"Herhalde ölmüştür kadıncağız..."

"Hangi kadın?" Bu sefer ilgimi çekmişti.

"Jandarmanın yanından geliyorum. Kadıncağız eşiyle burnun oradan denize girmiş, herhalde açılmış olacak biraz... Burun ucundaki kayalıkları geçtin mi akıntı başlar. Bilmiyordu herhalde. Yabancısıysa buranın... Allah rahmet eylesin. Cesedi çok öteden çıkar birkaç güne. O da şanslıysa. Rahmetli kaptanı bulamamışlardı bile." Nezih Bey şimdi daha da ilgimi çekiyordu.

"Tanıyordunuz Ahmet Amcayı?"

"Tanımaz olur muyum? Rahmetli..." Cümlesini yarım bırakıp az önce benim yaptığım gibi denize bakmaya başladı. Helikopterler arama turlarına devam ediyorlardı.

"Yakın mıydınız?" Artık ben onun ilgisini çekmeye çalışıyor gibiydim. Ahmet Amca'nın ölümünde beni cezbeden bir şey vardı. Cesedinden geriye kalanların hâlâ denizde bir yerlerde sürükleniyor olması fikri beni büyülüyordu. Adam muhtemelen denizle hemhal olmuştu artık. Onun bir parçasıydı.

"Sitemizin sevilen, saygıdeğer bir sakiniydi. Çok üzücü kaybı. Allah sabır versin yakınlarına. Neyse ben sizi rahat bırakayım, siz keyfinize bakın Mert Bey." Mayosundan sarkan göbeği ve ağır adımlarıyla yanımdan uzaklaştı. Belli ki Nezih Bey merak etmişti beni. Sinan ile yakınlaşmamızı da fark etmiş ve beni yoklamaya karar vermişti belki de. Ama hiç açık vermemiştim.

Denizde ceset arayan helikopterlere baktım. Tuhaf bir diyar ve garip bir siteydi burası. Ve belki Kaptan'ın ölümü hiç de sıradan bir ölüm değildi. İyice uzaklaştığına emin olduktan sonra günlüğü havlunun altından çıkartıp ortalardan bir sayfa açıp okumaya koyuldum.

DOLAŞMAK

Ahmet hemen önümde. Harabeler arkamda. Güneş tepemizde. Deniz gerilerde. Yürüyoruz. Zamana teslim olmuş harabelerin kalıntıları ortalığa saçılmış. Mutluyum. Sevdiğim adamı takip ediyorum. Onu sırttan görüyorum. Geniş omuzlarını, attığı adımlardaki kararlığı izliyorum. İyi hissediyorum.

Ahmet'le dolaşıyoruz. Sık sık yapar olduk bunu. O buraları biliyor. "Gel," diyor, geliyorum. "Bak," diyor bakıyorum. Bana civarı anlatıyor, bildiklerini paylaşıyor. Çok öğrenmesinde değilim işin, yeter ki Ahmet anlatsın, ben onun sesini duyayım. Yabani otları anlatıyor. Kaparileri, fesleğenleri, kantaronu anlatıyor. Itırlı bitkileri burnuma tutuyor. Acayip kokular burnuma doluyor. Oradan beynime, oradan hafızama kazınıyor. Ahmet'le birlikte o kokular ve o anlar ölümsüzleşiyor.

Bayırdan yukarı yürüyoruz. Tenlerimiz yanık. Bacaklarımız biraz yaralı bereli, ufak çizikli. Çünkü sık sık dolaşıyoruz. Biz doğada, ellerimiz bedenlerimizde dolaşıyor. Bazen doğada bir kaçamak yapıyoruz. Dudaklarımız birleşiyor. Titriyoruz. Sonra yürümeye devam ediyoruz.

Ahmet'i takip ediyorum. Dağ keçileri gibiyiz. Bayırın dikleştiği yerleri teklemeden geçiyoruz. Arada dönüp arkama bakıyorum. Antik kent giderek uzaklaşıyor bizden. Nereye gittiğimizi soruyorum. Bilmiyorum diyor gülümseyerek. Sarp kayalıklarda elini uzatıyor. Beni yukarı yanına çekiyor. Korkmuyorum. Giderek daha da yükseğe çıkıyoruz.

Sonra duruyor Ahmet. Dar bir düzlükteyiz şimdi. Eski bir su yolu sanki diyor. Bitkilerle kaplı bu eski su yolu boyunca yürüyoruz. Denizde yüzenler bizi görüyor mu diye düşünüyorum. Onlar bana ne kadar ufaksa biz de onlar için o kadar ufağız. Önemsiziz. Bu hoşuma gidiyor. Kimsenin gözünde önemli olalım istemiyorum. Biz bize yetiyoruz.

Su yolu bitiyor ve tekrar bayır başlıyor. Su yolunu bulur misali tepenin bittiği yere doğru ilerliyoruz. Ve sonra tepenin ardı geliyor ve her şey duruyor. Uçsuz bucaksız Akdeniz beliriyor bir anda karşımızda. Bir duvar gibi. Önemsizliğimizin vurgusu gibi. Zamanı yok ediyor. Düşüncelerimi yok ediyor. O kadar büyük ve o kadar vahşi. Ahmet'in heyecanı sesinde, suratında, her yerinde! Bir çocuk gibi şen. Yeni bir keşfin mutluluğunu yaşıyor. Yaşatıyor. Burası bizim yerimiz diyor, bana dönüp. Arkası sadece mavi. Deniz semaya karışmış. Ayırt edemiyorum.

Küçük bir düzlükteyiz. Sanki itina ile hazırlanmış burası. İnsanlar durup rahat rahat manzarayı izleyebilsinler diye. Denizle aramızdaki yegâne şey kayalıklar. Onlarca, yüzlerce metre boyunca.

Ben gözümü manzaradan alamazken Ahmet ortalığı kolaçan ediyor. Bir kâşif gibi. Toprağa, kayalara, bitkilere bakıyor. Fotoğraf çekiyor. Arada gülümse diyor ve deklanşöre basıyor. Sonra uçurumun kenarına yaklaşıyor. İçim ürperiyor. Dur demek istiyorum ama onu durduramayacağımı biliyorum. Şaşkın bir yüz ifadesiyle bana dönüyor. Adımı sesleniyor. Yanına yaklaşıyorum. Parmağıyla hemen aşağıda bir şeyleri gösteriyor bana. Sesi boğuk geliyor. Her tarafım buz kesiyor. Çünkü şimdi uçurumun dibini görebiliyorum. Sanki beni davet ediyor. Sanki beni yanına çağırıyor. Sanki aşağıda her şey yek, bütün. Sanki Ahmet'le birlikte orda olmalıyız.

Ahmet kayalardan aşağı inmeye başlayınca yine berraklaşıyor her şey. "N'apıyorsun!" diye bağırıyorum. Az biraz indikten sonra kopardığı bir çiçeği gösteriyor bana. Ateş turuncusu, gök mavisi, gece karanlığı... Hepsi bu çiçekte bir araya gelmiş. Ahmet çiçeği bana doğru tutuyor ve "Ben hayatımda böyle bir şey görmedim," diyor.

Haziran 1994

15.

Akdeniz'de yaşadığım varoluşsal sıkıntıma derman iki tesadüf yaşamıştım. En eski dostumun annesi, evinin konuğu olduğum Nergis Teyze'nin günlüğünü bulmuştum. Üstüne bir de komşumun bohçasına elimi daldırmam tebessüm çiçeğiyle tanışmama vesile olmuştu.

Artık ağustos sonu gelmişti ve ben neredeyse bir aydır buradaydım. Geldiğimden beri rüzgâr her gün yüzünü göstermiş, bu sıcak mevsimi ziyadesiyle çekilir kılmıştı. Ama bugün esmiyordu. İzne ayrılmış, dükkânı kapamıştı ve üstümüze resmen sıcak çökmüştü. Mahrum bir müptela gibi saatlerdir terliyordum. Havada oksijen yoktu sanki. Dışarda yaprak kımıldamıyordu. İnsanlar, hatta hayvanlar bile kımıldamıyordu. Epeydir bir kuşun dahi öttüğünü duymamıştım. Öyle bir sıcaktı.

Aklımı sıcaktan almanın tek yolu Nergis Hanım'ın günlüğü ve sosyal medya arasında mekik dokumaktı. Zaten yapacak bir işim yoktu. Senaryo falan da yazacağım yoktu. Yeni bir fikir bulacakmışım gibi de gözükmüyordu. Er ya da geç palavra sıktığım insanlarla yüzleşmem gerekecek, hayat standardımı sürdürmek istiyorsam da tıpış tıpış, insanlıktan çıkmaya, Musa Bey'in merhametine sığınmaya *Toz Duman* setine geri dönecektim. Belki de başka bir ben ihtimali hiçbir zaman yoktu. Başkalarının hayaline öykünmüş bir özentiydim. Sette insanlara bağırmak, emir yağdırmak, emir-komuta zincirinin tepesinde olmak... Bunlardı belki de beni besleyenler. Başka bir şey yoktu. Ya da gerçek manada savaş çıkacak ve İstanbul'a geri dönmeme gerek dahi kalmadan burada yaşlanıp gidecektim.

İşte bunu anlayabilmek için sosyal medyada gezinip dünyadaki son gelişmeleri okuyup tartıyordum. Savaşın çıkmasına ihtiyacım varmışçasına bu olasılığa ne kadar yakınlaştığımızı kestirme çabasındaydım. Dünyanın birçok yerinde barış gösterileri düzenleniyor, uluslararası kamuoyu, ülkeleri masaya davet ediyordu. Buna karşılık farklı yerlerden çatışma ve katliam haberleri geliyor, adını sanını duymadığım, kana susamış siyasetçiler mikrofon başından tükürük saçıp, tehditler savuruyordu. Dünya bir tımarhaneydi.

Sıcaklardan ötürü kanepeye yapışmaktan sıkıldığım için de sırtüstü salonun ortasına, mermer zemine uzanmıştım. Bir noktada, gezegeni bırakıp kendimi tartmaya başladım. İstanbul'dan kilometrelerce ötede, 80'lerden kalma bir yazlığın mermer zemininde uzanmış ne yapıyordum tam olarak? Yaptığım her şey yanlıştı. Eski dostumun annesinin günlüğünü karıştırıyor, insanlara senaryo yazdığım yalanını söylüyor, içten içe dünya savaşı çıksın diye dua ediyordum. Kocaman bir kariyeri çöpe atıyor, birkaç hafta öncesine kadar hayatımda hiçbir yeri olmayan insanlarla takılıyor, benden kim bilir kaç yaş küçük bir kızın peşinden fanteziler kuruyordum. Alt alta toplayınca sonuç koca bir yanlışlıktı. Ben devasa bir yanlıştım. İlk filmiyle estirecek, sinema tarihine adını altın harflerle yazdıracak bir yönetmen hayali kötü bir şaka gibiydi şimdi. Hazin bir sona doğru sürükleniyordum.

Tornistan yapacak gücü de bulamıyordum. Eski hayatıma dönmeme mâni olacak yegâne şey ise savaştı. Bu yüzden savaş çıkmalıydı ve ben film çekmek zorunda kalmamalıydım. Savaş çıkmalı ve ben kürkçü dükkanına dönmek zorunda kalmamalıydım. Savaş çıkmalı ve beni tüm zorunluluklardan arındırmalıydı. Kulağa bir hayli yanlış gelse de kendimi koşulsuz teslim edebileceğim tek olasılık buydu.

Sıkıntı bastı ve yattığım yerden kalktım. Sitede bir tura çıkıp evler arasında süzülen, az da olsa serinletecek bir hava koridoru yakalama umuduyla dışarı çıktım. Belki de Maya'ya denk gelir, oyunculuk hayalleri üzerine konuşurdum. Öyle demişti Nezih Bey. Maya gerçekten de oyuncu olmak istiyordu.

Dışardaki hava evin içinden beterdi. Etrafımda ne var ne yok, görünmez bir balçık tarafından sıvanmış gibiydi. İçinde ağır ağır yürüyordum. Komşum Sinan çardağında oturmuş öylece duruyordu. Yavaş çekimde elini kaldırıp salladı ama sıcaktan bir şey diyecek hâli bile yoktu adamcağızın. Evler arasındaki küçük yollardan devam ettim. Dağların tepelerinden kara bulutların toplaştığını gördüm. Bu iyiye işaretti. Yağmur geliyordu. Yağmurun ardı da serinlik demekti.

Tarık ve İzzet de evlerinin önünde üstleri çıplak, ayaklarını balkon duvarına dayamış oturuyorlardı. Yanlarına varıp hâl hatır sordum. Ağızlarını bıçak açmıyordu. Keyifsizdiler. "Sıcak o kadar mı bastı?" diye sordum.

"Abimin kafasına silah dayadılar Mert abi, olan o!" deyip bir dizi küfür saydı Tarık.

"Dur sakin ol, n'oldu ya anlatsanıza! İyi misin İzzet?"

"Abi iyiyim de bu iş nereye varacak bilemiyorum..."

"Kim bu adamlar, ne demek yahu kafaya silah dayamak!" Aslında kafaya silah dayamanın ne anlama geldiğini *Toz Duman*'dan iyi biliyordum.

"Abi, işte mağaraya çökmek isteyen karanlık karanlık adamlar."

"E, jandarmaya falan gitmedin mi?"

“Adamlar evimin adresini bir kâğıda yazıp, ağzıma tıkayıp yutturdular! Yarasa gübresini vermezsek, jandarmaya gidersek kurşuna dizeriz aileni dediler. Ne yapayım ben şimdi?”

“Abi, gel önce biz vuralım onları! Var burda bizim arkadaşlar, silah milah işinden anlayan, ayarlarım ben onları. Çökeriz bu eşkıyaların üstüne!”

“Ya Allah rızası için sus Tarık, şu kadarcık aklınla atıp tutuyorsun...”

Bu noktada iş beni aşıyordu. Sakin olup, adalete güvenmeleri gerektiğini tembihleyen, benim de inanmadığım saçma sapan şeyler söyleyip yoluma devam ettim.

Sitenin orta yerindeki açıklığı geçince Harabeler Sitesi'nin diğer yakasına adım atıyordunuz. Sanki burada ülkemin sınırları bitiyor ve yabancısı olduğum başka topraklara adım atıyordum. Onlar ve bizler. Bizler ve onlar. Sebepsiz ama bir o kadar içgüdüsel geliştirilmiş bu ayrımın bir parçasıydım ben de artık ister istemez. Bayraklarımız, sınırlarımız ve askerlerimiz eksikti yalnızca. Onun dışında dünyanın geri kalanından pek de bir farkı yoktu sitenin.

Evler arasında devam ettim. Dışarısının sessizliğini yazlıklardan yükselen ajans sesleri bozuyordu. Herkes klimasının altına çöreklenmiş, kendi tercih ettiği kanaldan dünyayı izliyordu. İsterlerse sadece bir düğmeye basarak her çeşit kahve arasından keyifleri hangisini çektiyse onu içebilen insanlar, kendilerine sağlanan bu konforun garipliğinden ve bedelinden habersiz, kendilerine pazarlanan savaş senaryolarını endişeyle takip ediyorlardı. Haber spikerleri bayrağın ve vatanın kutsallığından bahsederken, yaptıkları yayının bu siteye kadar ulaşmasını sağlayan kameraları, ışıkları, kabloları, uyduları düşündüm. İnsanoğlunun binlerce yıllık birikimiyle vardığı nokta buydu. En eski alışkanlığı olan savaşmayı, canlı yayınlamak.

"Hadi gelin, buyrun bir çayımı için," diye biri seslendi. Arkamı döndüm. Havva Hanım'dı seslenen. Hızla bir bahane bulmam gerekiyordu. Ama benden hızlı davrandı. "Geçin oturun şöyle ben çay koyup geleyim," dedi.

"Peki," dedim "Madem." Neyse ki çay bardakları piyasadaki en küçük modellerdendi. Hani pasajlardaki çay ocaklarında verdiklerinden. Dört yudumda bitiririm diye rahatlattım kendimi.

"Sıcakta iyi gelir, harareti alır," dedi ama dediğinin bilimsel dayanağı yoktu. Ne konuşacağımızı merak ediyordum. "Nezih söyledi, yönetmenmişsiniz."

"Öyle. Siz?"

"Emekli öğretmeniz biz yavrum. Demek Nergis Hanım'larda kalıyorsunuz. Nasıl sevdiniz mi sitemizi?"

"Sevdim. Özel bir yer. Gittiğim diğer yazlık yerlere de pek benzemiyor."

"Benzemez. Başka bir havası vardır buranın. Arada bir böyle nem çöker ama onun dışında havası da güzeldir." Bir süre havadan sudan konuştuk. Hem sıcaktan hâlim yoktu hem de yapacak bir işim olmadığından ben de konuşma ihtiyacındaki Havva Hanım'a uyum sağladım. Kocası sıcağı sevmediğinden genelde Konya'dan tek başına gelip kafa dinliyordu burada. Sitenin ilk sakinlerindendiler.

"İlk zamanlar bir başkaydı tabii. Hepimiz daha gençtik. Severdi herkes birbirini. Okeyden rakıya dönen masalar mı dersin, gece denize girmeler mi dersin, hepsi vardı."

Havva Hanım'a merak ettiğim bazı şeyleri sorabileceğimi düşündüm. "Ahmet Bey?" dedim önce sadece.

"Aaaah, ah! Ne büyük bir acı, ne büyük kayıp. Allah geçinden versin. Ben açmayayım dedim konuyu ama..." Çayının geri kalanını tek yudumda bitirdi. "Çok üzücü bir hadise idi, çok! Dağ gibi adam kayboldu gitti denizde. Kahrolduk hepimiz."

"Tanırdınız kendisini yani?"

"Dedim ya, o zamanlar herkes daha bir sıkı fıkıydı. Git-gel'lerimiz olurdu evler arası. Yani sohbet etmişliğimiz de vardı kendisiyle. Kaptan adam tabii, çok gelmezdi ama tanıdığım kadarıyla cana yakın bir adamdı. Neyse sen sitemizin kusuruna bakma olur mu? Çok mahcup olduk sana karşı."

"Hiç önemli değil Havva Hanım. Sinan Abi'yle nasıl bir derdiniz var ama onu merak ettim." Biraz suyu bulandıracaktım ama sormadan da edemedim.

"Ayh!" dedi önce ani bir tiksinme hareketiyle. Suratındaki hanımefendi ifade kayboldu. "Bırak şu adamı. Abi falan da deme!"

"Niye öyle diyorsunuz Havva Hanım, bana gayet tatlı bir insan gibi geldi." Nereye varacaktı tiksinmesi merak ediyordum.

"Ukala adamın teki. Hiç hazzetmem. Ta ilk tanıştığım andan beri. Bak," dedi, soluklandı sonra işaret parmağını yüzüme doğru sallayarak "Sen de o adama çok güvenme. Ahlaksızın teki o herif! O kadarını diyeyim. Dahasını demem. Ama sen bunu bil!"

Konuyu devam ettirmenin bana bir faydası olmayacaktı. Son yudumumu aldım ve izin istedim. Çay zerre serinletmemiş ama sersemletmişti. Paytak paytak yürümeye devam ettim site içerisinde. Biraz daha yürüdükten sonra Maya'ya denk geldim. İkinci kattaki balkonda makineden yeni çıkmış çamaşırları asıyordu. Yaklaşıp "Merhaba," diye seslendim. Basık havadan hiç etkilenmemiş gibi yüzü ışıl ışıl enerjiyle parlıyordu. Yaptığı işe ara vermeden *merhaba* diye karşılık verdi.

"Yağmur geliyor, boşuna asıyorsun," dedim biraz da ukala bir tonla.

"Emin misin?" dedi.

"Eminim!" dedim dağların tepelerini göstererek. Kara bulutlar iyice yoğunlaşmıştı artık.

"Yağarsa toplarız, ne yapalım?" dedi omuzlarını silkerek. Dediklerimi ciddiye almak istemiyor gibi. Ben konuşmazsam konuşmayacaktı. Devam ettim.

"İzzet'i yalanlamıştın ama sen gerçekten de oyuncu olmak istiyormuşsun."

"Ne alaka şimdi?" Bana bakmadan çamaşır asmaya devam etse de *oyunculuk* dememle yüzüne hafif bir gerginlik yayıldığını görebiliyordum.

"Enişten Nezih Bey söyledi geçen," dedim. Muhtemelen eniştesine kendisini ifşa ettiği için kızacaktı ama bu benim derdim değildi. Onu Nezih düşünecekti artık. Ama gerçekten oyunculuk hayali kuruyorsa elimden geleni yapmaya hazırdım.

"Saçmalamış," dedi sakince.

"Böyle bir hayalin varsa yardım edebileceğimi biliyorsun değil mi?" Güzelliğine gayet profesyonelce vurgu yapabilirdim şimdi. "Kameraya çok yakışacak bir yüzün var, yeteneğin de varsa neden olmasın? İstediğin zaman konuşabiliriz, bildiklerimi seve seve paylaşırım."

"Bakarız..." dedi hafif bir gülümsemeyle ve aynı anda yüzümüze birer damla yağmur düştü. İkimiz de irkildik.

"Söylemiştim, geliyor yağmur!"

"Senaryo nasıl gidiyor peki?" Hiç beklemiyordum bunu. Kıskıvrak yakalanmış gibiydim. Bedenimin her karışının gerildiğini hissettim. Sonra da "Yarıladım," dedim. Sonuçlarını tartmadan çıkmıştı yalan ağzımdan. Ama belki de savaş çıkacaktı ve ben bu eziyetten kurtulacaktım.

"İyi," dedi "Konuşuruz o hâlde," bana ayrılan vaktin sonuna geldiğimizi vurgularcasına. "Caretta Bar'da görüşürüz zaten." Gökyüzü yarıldı, rüzgâr esmeye ve yağmur hunharca yağmaya başladı. Saçlarımız yüzümüze yapışırken hayatla hiç müsabakaya çıkmamış ergenler gibi kahkaha attık. Gün boyu işe paydos demiş rüzgâr da şimdi var gücüyle esiyor, önüne çıkan her bitkinin esnekliğini test ediyordu. Kahkahamızın bitmesiyle Maya bir şey demeden içeri girdi. Bir anda yalnız kaldım. Yalnız ve sırılsıklam. Biraz önce etrafımı saran sıcak balçık şimdi suya dönüşmüştü adeta. Sanki denizin içindeydim. Öyle bir yağmurdu. Koşarak eve döndüm.

Güneş batarken fırtına kuvvetlendi. Evin panjurları acı çekiyormuşçasına ses çıkarıyordu. Dışarda rüzgârın hiddetiyle meyve kasaları ve çamaşır iplerinden kurtulmuş plaj havluları uçuşuyordu.

Kurulanmış, kanepeye kurulmuştum. Fırtınalı bir akşamda Nergis Hanım'ın günlüğüne kaldığım yerden devam edeceğim için heyecanlıyken elektrikler kesildi. Her şey karanlıktı. Evin içi de dışarısı da... Bir fener ya da mum bulma umuduyla mutfak çekmecelerini karıştırırken evin kapısı açıldı ve içeri bir ışık huzmesi yayıldı. Gelen Sinan'dı. Adımı seslendi. *Buradayım* dedim.

"Baktım ev zifiri karanlık, herhalde ışıldağı yoktur dedim getirdim. Al..."

"Sağ olasın," dedim. Şimdi karanlık bir salonun ortasında duran iki aydınlık surattık. Sinan ortalığa bakındı. Her şey yerli yerinde mi diye bakarcasına.

"Epey zaman olmuş bu eve gelmeyeli. Hiçbir şey de değişmemiş."

"Ev güzel, işimi görüyor."

Sinan salonda turlamaya başladı. Sehpanın üzerinde duran fotoğraflarda gezindi önce feneri.

"Bizim buralar böyle. Fırtına çıktı mı elektrikler kesilir. Sanırsın 70'lerde yaşıyoruz."

Sonra kitaplığa yöneldi. Biraz kitaplara, biblolara baktı. "Vay bu hâlâ burada demek!" diyerek kitaplıktaki heykelciğe uzandı. Pelerinli antik bir adam figürüydü. Otuz santim kadar boyu olan, ağır gözüken bir heykelcikti. Nedense o ana kadar dikkatimi çekmemişti hiç. "Nergis bunu müze müdürüne hiç teslim etmemiş demek ki. Bak sen..." Yüzünü karanlıktan çok net göremiyordum ama sessizliğinden bir şeyler düşündüğünü ya da hatırlamaya çalıştığını anlayabiliyordum. "Nergis bunu denizden çıkardığında yanındaydım. Boğulmak üzereydi neredeyse! Ama nasıl hazine bulmuş bir çocuk gibi şendi, bir görsen."

"Ne zamandı bu?" diye sordum gayri ihtiyari.

"Uzun yıllar oldu yahu. Ne bileyim şimdi. Ben diyeyim yirmi, sen de yirmi beş sene!"

Yanına yaklaşıp heykelciğe göz attım. Yüz hatları zamanın etkisiyle kaybolmuş olsa da dökümlü kıyafetinin detayları hayranlık uyandırıcıydı. Ellerini göğsünde buluşturmuş, bir çiçek tutuyordu.

"Bu senin çiçek mi?"

"Olabilir," dedi düşünceli düşünceli. "Aşınmış, pek belli olmuyor ama olabilir tabii." Bana yanıtın aslında ne olduğunu gayet iyi biliyor gibi geldi hâlbuki. Sonra yavaşça heykelciği yerine koydu. Koymasıyla birlikte elektrikler geri geldi. Sinan konuyu kapatmak istercesine kitaplıktan uzaklaştı ve kapıya yöneldi. "Fırtına da dindi gibi... Damıtma da bitti bu arada, ne zaman istersen gel," dedi. "Hatta bence sitedeki yeni arkadaşlarını da çağır. Herkes bir baksın tadına şu çiçeğin artık. Haklıydın. Kendime saklamamın hiçbir manası yok. Üç kuruşluk dünya, sonumuzun ne olacağı belli değil."

Sinan kapıdan çıkarken yüzüne yerleşen ani karanlık ve tedirginlik dikkatimi çekti.

16.

Ertesi akşam Sinan'ın geniş daveti üzerine toplaştık. Yine komşumun çardağında ama bu sefer kalabalıktık. Ben Füsun'u, mağaracı kardeşleri ve Maya'yı çağırdım. Gerçi Maya'yı ben değil kardeşler çağırdı. Tarık'ın benim davetimle birlikte *Maya'yı da çağıralım* diyeceğini biliyordum, nitekim öyle de olmuştu. Çocuk apaçık Maya'ya yanıktı.

Füsun sürekli Sinan'a siteyi güzelleştirecek fikirlerini anlatıyordu. Benim anlamayacağım her konuda engin bir bilgiye sahipti. Sadece mekân işletmek değil çalışmayan güneş panelleri, kireç tutan borular, tıkanan rögarlar, boya kusan duvarlar... Hepsiyle ilgili kesin çözüm bilgileri ondaydı. Nezih ve Bekir'i toplasan bir Füsun etmiyordu. Sitenin başkanı o olmalıydı ama zeki bir kadındı, hiç bulaşmamıştı o işe. Onları dinlediğimi fark ettiğinde bana dönüp "Yazlık siteler girdap gibidir Mert. Orta yerinde durursan yutarlar adamı, anlamazsın bile ne olduğunu," dedi.

Tüm masa Sinan'ın hazırladığı leziz mezelerle donatılmıştı. Neredeyse tamamını yine bahçesinden topladığı mahsullerle hazırlamıştı. Haklı bir gurur vardı üstünde. Tek tek mezelerini takdim etti ve yemeğe koyulduk. Hangi noktada tebessüm çiçeğini gündeme getireceğini merak ediyordum. Ama sahne önce mezelerin ve rakılarındı.

Konu geçen gün çıkan kavgaya gelince "Nezih Bey'lerin taraf koymuş kafaya birtakım tuhaf fikirler ama dert etmeyin, yaptırmayız," dedi Sinan. Gözümle Maya'yı işaret ederek Nezih Bey'in yeğeni olduğunu hatırlattım.

"Ya Maya bizden sayılır canım, gizlimiz saklımız yok. Değil mi Mayacım?"

"Evet Sinan Amca," dedi tatlı bir gülümsemeyle ve kadeh tokuşturdular. Masanın geri kalanı da onları takip etti.

Tuhaf bir kadroyduk. Bir dolu benzemez bir çardağın altında toplaşmış aklımızı güncel buhrandan alacak konular açmaya çalışıyorduk. Ülke desen ülke değil, dünya desen dünya değildi ve rakının pek bir faydası dokunmuyordu. Herkesin bir derdi, bir tasası, bir korkusu vardı. Dünyanın ya da ülkenin hangi yöne savrulacağına dair hiçbirimizin bir fikri de yoktu. Sonuçta biz ne siyasetçi ne analist ne de uluslararası ilişkiler uzmanı gazetecilerdik. Biz hiçbir şeyden habersiz, geçici bir huzur paktı kurmuş bir avuç insandık. Birbirimizi ne kadar tanıdığımızın ya da ne kadar sevdiğimizin bir önemi de yoktu.

Sonunda muhabbetin sıktığına kanaat getirip "Arkadaşlar," diyerek kesti sohbeti Sinan. Yüzü gülüyordu. Hatta kendisiyle tanıştığımdan bu yana bu kadar mutlu görmemiştim onu. "Gelelim sebeb-i ziyaretinize! Hepiniz beni az ya da çok tanırsınız. İlgi alanlarımı bilirsiniz. Bana *Otçu Sinan* diye lakap taktığınızı da biliyorum. Neyse... Ben bundan birkaç sene evvel bu yöreye has bir çiçek keşfettim. Burnun arkasındaki yarda yetişen... Bakın şöyle bir çiçek," dedi ve gömleğinin cebinden tebessüm çiçeğini çıkardı. Çiçekle neler yaptığını anlattıkça konukların yüzüne tatlı bir merak ifadesi oturdu. Füsun'un ise sesi kesilmiş, endişeyle Sinan'ı izliyordu. Sıra şovun son perdesine geldiğinde de çardağın ışığını kapattı ve içeri gidip içecekleri getirdi. Bardaklar karanlıkta yeşil neon Japon fenerleri gibiydiler.

"Bu," dedi "Sevgili arkadaşlar dünyayı kurtaracak buluşum! Adı tebessüm çiçeği! Dünyadaki herkes bu içeceği içse ne savaş kalır ne dert ne tasa kalır! Evliyaların, bilim insanlarının, keşişlerin yüzyıllardır aradığı şey işte bu dostlar! Mert kardeşime de beni bu çiçeği insanlıkla paylaşmaya ikna ettiği için teşekkür ederim. Hadi sağlığınıza!"

Bazılarının tebessüm çiçeğini içme konusunda temkinli davranacağını düşünsem de yanıldım. Herkes sorgulamadan bardağına davrandı ve içeceği yudumlamaya başladı. Belki de içinde bulunduğumuz zamanlardı bizi böylesine kaygısız kılan.

Birkaç yudum sonra hepimizin yüzünde o tebessüm vardı. Herkes heyecanla yaşadığı deneyimi, hazzı paylaşıyordu. Çiçek vücudumuzdaki alkolün etkisini de sıfırlamış, bizi o saf atmosferi içerisine almıştı. Canımız sadece iyi şeylerden bahsetmek, iyi şeyler yapmak istiyordu. Öyle de yaptık. Şarkı söyledik mesela, hep bir ağızdan. Neşeli şarkılar. Fıkra anlattık mesela, en komiklerinden. Kahkaha attık, en safından. Bize umut veren fikirlerimizden, hayallerimizden de bahsettik.

Keyfim yerindeydi. Hayata tribünden bakmanın paha biçilmez sefasını sürüyordum. Çardağın üstünü örten salkımlar gökyüzüne karışmış, yıldız haritası gibi tepemde süzülüyor, evrenin akıl almaz sonsuzluğu kulağıma tatlı nasihatler fısıldıyordu.

Gözümü salkımlardan aldığım anda çardağın ilerisinde, karanlıkta yine bekçi Bekir'i gördüm. Gece mıntıkasına ara vermiş gene bizi süzüyordu. Göz göze geldik. Hakkımızda bu sefer bir hükme varmış gibiydi. Vardığı hüküm pek hayırlı da değildi bence. Sonra yoluna devam etti. Ne olursa olsun damarlarımda sadece huzur ve iyilik akıyordu.

17.

Caretta Bar artık iyice tenhalaşmış, yöredeki turist sayısı azalınca masalar da boş kalmıştı. Füsun bu akşam müzik açma gereği dahi duymamıştı. Ambiyans işi bardak ve dalga seslerine kalmıştı. Şikayetçi değildim. Böyle de güzeldi bu derme çatma bar.

Bizden başka, mekânın diğer ucunda takılan arkeoloji ekibi vardı sadece. Kazı ekibi kavurucu sıcağın altındaki çalışmalarının yorgunluğunu birkaç kadehle üzerinden atmaya çalışıyordu. Gündüzün yüzlerinde bıraktığı yılgınlığı oturduğum masadan dahi görebiliyordum.

Dün gece Sinan'ın çardağındaki deneyim dilimizdeydi. Çiçek bizi yakınlaştırmıştı. Ama dahası dünyanın, 21. yüzyıla rağmen hâlâ gizemli bir yer olduğuna ikna etmişti beni. Dünya bağımlılık yapan yeni aplikasyonlardan ibaret değildi nihayetinde. Bağrında hâlâ ifşa etmediği nice mistik sır barındırıyordu.

"Eniştenin söylediği gibi oyunculuk kariyeri düşünüyorsan bana haber vermen yeterli. İstanbul'da en iyi oyuncu ajansları, oyuncu koçları hepsi arkadaşım," diye kısık sesle konuştum Maya'yla. Sesim işin ehli birinin tonundaydı. Diğerleri başka sohbetlere dalmışlar, ben de masada onunla yan yana denk gelmenin avantajını kullanmaya çalışıyordum.

"Ama uyarayım çok çetin bir piyasadır. Çalışma koşulları çok zor. Uzun saatler, uykusuz geceler... Ayrıca oyuncular biraz hırslı yamyamlar gibidir, canlı canlı yer bitirirler seni, hele kendilerine rakip görürlerse. Piyasanın göbeğindeki biri olarak bunları bil diye anlatıyorum." İçimdeki İstanbullu konuşuyordu. Ezbere, bilmiş ve kokuşmuş... Farkındaydım ama başka bir iletişim yolu bilmiyordum. Maya'yı bu şekilde etkileyebileceğimi sanacak kadar da şuursuzdum ama yine de konuşmaya devam ettim. Filmi nasıl çekeceğimden, nasıl finansör bulduğumdan, karakterleri nasıl işleyeceğimden bahsettim.

Hiçbiri yoktu hâlbuki. Hepsi koca bir yalandı. Aklıma geleni ustaca sıkıyordum. Maya ise uslu uslu dinliyordu. Geçen görüşmelerimiz aksine saldırgan ya da soğuk tavırlarından eser kalmamıştı. Belki de gerçekten oyunculuk kariyeri hayallerini süslüyordu ve ben onun için bir çıkış yoluydum. Ya da kafasını ütülüyordum ve bana numara yapıyordu.

Maya'yla aramızda yürüttüğümüz sohbeti Füsun böldü; "Ne ben bu dünyayı kurtaracağım ne de bu bar beni arkadaş! Bu gece içkiler benden!" Ayağa kalktı ve arkeologlara seslendi. "Arkadaşlar hadi gelin katılın bize! İçkiler benden!"

Füsun'un kafası güzeldi. Zaten kafası mütemadiyen güzel olsun istiyordu. İkinci kadeh dedin mi hemen çakır keyifti. Çünkü niyeti buydu. İnsan niyeti baştan fiksleyince, tecrübeyle sabit, hedefe ulaşmak hep daha kolaydır.

Masalar birleşti, isimler paylaşıldı ve içkiler içildi. Kazı ekibi beş kişilik bir gruptu. Kazı başkanı Nihal dışında diğerleri hayatlarının baharında öğrencilerdi. Nihal masada diğer yanıma düşünce biraz meraktan biraz da nezaketten sohbet açma gereği duydum.

"Bizim siteyi biliyorsunuzdur." Elimle ören yerinin öte tarafını işaret ettim. "Antik kentin hemen çıkışındaki site. Daha doğrusu içindeki diyelim..." Yüzümde beliren gülümsemeye acıklı bir ifadeyle eşlik etti.

"Bilmez olur muyum? Devlet sistemimizin emsalsiz bir örneği adeta," dedi alaycı bir tavırla. Ağır, kelimeleri özenle seçerek konuşan biriydi.

"Onu diyecektim ben de. Gelip sitenin bahçesinde kazı yapıp, gerekirse evleri yıktırma yetkiniz yok mu sizin?"

"Biz arkeologları yetki piramidinin en alt kademesinde sayabilirsin maalesef. Elimizdeki bilgilere bakmak, yapılan yanlışları görmek ve elimiz kolumuz bağlı çileden çıkmak mesleğimizin bir parçası bu ülkede." Kafasındaki hasır kovboy şapkasını çıkarıp masaya koydu. "Ama ne yalan söyleyeyim benim de o sitede bir evim olsun isterdim. Yeri çok güzel."

Ona Sinan'ın *Tebessüm*'ünden ve Nergis Teyze'nin evindeki eli çiçekli heykelden bahsetmek istedim ama dilim varmadı. Beni bir çeşit müptela sanmasından tırstım. Ama etrafımı saran gizeme dair ipuçları toplamak için acayip bir dürtü vardı içimde. Çiçeğe dair, tarihi kayıtlardan bir şeyler çıkabilirdi belki. Hafif bir heyecan belirdi içimde. Çocuksu. Bir oyun, bir bulmaca beliriyordu zihnimde ve beni içine çekiyordu. Çiçek, gizlenmiş bir günlük, yıllar önce kaybolmuş bir kaptan...

Nihal'e konuya dair sorularımı dolaylı yöneltmeye karar verdim:

"Burada eskiden yaşayanlar neyle geçiniyordu, bunu biliyor musunuz mesela?"

"İşlek bir sahil kentiymiş burası. Akdeniz'in farklı kıyılarıyla sıkı bir ticaret ilişkisi içerisinde olduklarını da biliyoruz. Bir de kaplıcaları ve hamamlarıyla meşhur bir yermiş. Antik Mısır'dan dahi buraya hamamlar için gelinirmiş. Anlayacağın o zamanlar dahi turizm vardı ve burası bir hayli turistik bir noktaydı."

"E peki ne yer ne içerlerdi? O zamanki bitki örtüsüyle bugünkü bitki örtüsü aynı mıydı mesela?"

"Bunu tam olarak kestirmek zor. Ancak balıkçılık önem arz ediyordu. Bunu kazılarda bulduğumuz olta uçlarından anlıyoruz."

Araştırmamı amacıma doğru yönlendirecek bir soru ilave ettim. "Peki, şehrin bir sembolü var mıydı? Mesela bir çiçek..." Birasından güçlü bir yudum aldı. Sorumu biraz tartar gibi kaşlarını çattı. Sanki nereye varmaya çalıştığımı anlar gibi. Ya da bana öyle geldi.

"Bu coğrafyada hep benzer semboller öne çıkar. Bir de tabii hangi dönemi konuştuğumuza göre değişir. Hristiyanlık öncesi ve sonrası örneğin, semboller ciddi manada değişim geçirmiştir."

Tebessüm çiçeğine dair bana buradan bilgi çıkmayacağını anladım ama karşımda oturan bilgi kaynağını tüketmeye devam etme niyetindeydim. "Peki, ne oldu bu insanlara? Biraz cahilce sorular soruyorum, kusuruma bakmayın ama buraları neden terk etmişler? Nereye gitmişler?"

"Her antik kentin farklı ama benzer sonları vardır. Salgın bir hastalık, kenti yıkan bir doğal afet, kuraklık, istila... Ama burasını henüz çözemedik. Tam olarak neden terk edildiğine dair net bir fikrimiz yok. Harabelerde ciddi bir afet ya da savaş izlerine de rastlamadık örneğin. Yazılı herhangi bir belgeye de rastlayamadık. Ama diğer antik kentler için geçerli olan senaryolardan biri muhakkak burası için de geçerlidir. Hangisi olduğunu bulmamız ise sadece bir zaman meselesi."

Tam olarak neden terk edildiğine dair net bir fikrimiz yok. Nihal'in bu cümlesi kafamın içinde yankılandı.

"Belki kent merkezindeki müzeyi de ziyaret etmek isteyebilirsiniz Mert Bey. Madem burası ve tarih ilginizi çekiyor, cezbedici eserler görebilir, biraz daha bilgi edinebilirsiniz." Bunu da not ettim.

Sonrasında içkiler içkileri, muhabbetler muhabbetleri takip etti, dünyanın, memleketin hâli dilimizden düşmedi. Tarık yine sarhoş oldu, dili ağzına dolanmaya başladı. Abisi ensesine şaplağı indirip *kalk hadi eve gidiyoruz* deyince ben ve Maya tepkisiz kaldık. Böylece kazı ekibiyle sohbete bir süre daha devam ettik.

Genç arkeologlardan biri geçenlerde buldukları bir insan iskeletinden bahsetti. Söylediğine göre kafasına aldığı darbeyle ani ölüm yaşamış bir savaşçıydı. "Muhtemelen kafasına bir ok saplanmış. Ama civarında bir savaş izine de rastlayamadık," diye izah etti. Sonra da izin istediler. Yeni keşfettikleri iskeleti ince ince temizliyor ve topraktan çıkarıyorlardı. Vahşi hayvanlar kemiklere musallat olmasın diye başında geceleri nöbet tutuyorlardı. Füsun da barı kapatmak için müsaade isteyince Maya'yla baş başa kaldık. Eve dönme vaktiydi. Yola koyulduk.

Maya antik kentin içinden geçen yoldansa kumsaldan yürümeyi teklif etti. On, on beş dakikalık bir yürüyüştü. Benim için hava hoştu. Mütevazı dalgalar çakılları hafifçe dövüyor, ay minik bir masa lambası gibi önümüzü aydınlatıyordu. Maya ile yakınlaştığımızı hissediyordum. Ruhuma besin gibi gelen bir coşku yayılıyordu içime. Maya ile bir hayat, bir ilişki peşinde değildim. Ya da cinsel bir tutkunun karşı konulamaz davetine kapılmamıştım. Sadece güzelliğine sahip olmak istiyordum. İstediğim zaman bakabilmek... İstediğim kadraja yerleştirebilmek... Çektiğim her filmin afişi yapabilmek istiyordum. Bunun için de çenemi kullanıyordum. Hiçbir yere varmayacak, kıytırık filmimi anlattıkça anlatıyor, puştu olduğum piyasayı allayıp pullayıp ona pazarlıyordum.

Biraz fazla konuştuğumu anladığım anda susmaya karar verdim. Maya suskunluğuma adımlarını yavaşlatarak karşılık verdi.

"Korkuyor musun?" diye sordu. Gözleri denizi tarıyordu. Önce irkildim çünkü ani ve içeriğine dair hiçbir fikrim olmayan bir soruydu.

"Neyden?" diye sorabildim sadece.

"Bilmem... Bu ülkeden, bu dünyadan... Ya da hayallerinin gerçekleşmeme ihtimalinden."

İçsel ve derin bir sohbete hazır değildim. İstemiyordum da. Ama can evimden vurmuştu beni. Sanki sorunun yanıtını adı gibi biliyordu ve sırf bu yüzden sormuştu. Sinsi bir soruydu bu.

"Ya, her hayal gerçekleşecek diye bir şey yok canım hayatta. Kimi olur, kimi olmaz. Çok takılmamak lazım bunlara."

"Belki yaş farkındandır ama ben hayallerimin çiğnenmesine izin vermek istemiyorum."

"Vermemelisin tabii ama tek bir hayalin peşinden de gitmene gerek yok. Yani yumurtaların hepsini aynı sepete koyma demek istiyorum."

Kısa bir gülüş sesi geldi Maya'dan. Ama yüzünü tam göremiyordum.

"Duygularınla aran nasıl?" Yine yanıtını kurcalamak istemeyeceğim bir soru daha gelmişti. Özenle mi seçiyordu soruları?

"Bilmem, her insan gibidir herhalde."

"Yani farkında mısın duygularının? Konuşabiliyor musun mesela onlarla?" Konu nereye gidiyordu? Maya ile yakınlaşmak güzeldi ama muhabbeti keşke ben yönlendiriyor olsaydım diye düşündüm. Benim için bulanık sulardı Maya'nın gezindiği. Hakkıyla cevap veremediğimi hissediyor ve tedirgin oluyordum. Tahmin ettiğimden daha uzun bir süre düşünmüş olacağım ki, benden bir yanıt alamayacağına kanaat getirerek konuşmasına devam etti. "Duygularınla mesafen arttıkça kendin olmaktan uzaklaşırsın. Bazen bir durup düşünmek, bir nefes alıp ne hissettiğini bulması, anlaması gerek insanın. Yoksa çıkarsın insanlıktan. Yoksa duygular bir dere gibi akıp gider, sen de bir balık gibi hissizce yaşarsın içinde. O zaman da her şey beklenir insandan."

Şu an hissettiğim bir duyguyu bulup tutunmaya çalıştım. Ama neye tutunsam kayıp gidiyor gibiydi.

"Neyse boşver," dedi sonra. "Caretta'ların yumurtadan çıkışlarını gördün mü sen hiç?" diye sordu.

"Hayır," dedim.

"Kendini iyi hissetmek için başka bir şeye ihtiyacın kalmaz, öyle bir deneyim. Sinan Abi'nin içeceği gibi... Safi mutluluk pompalar insanın vücuduna. Kumun üzerinde hayata koşturan avuç içi kadar küçük mahluklar," dedi ve saçlarını bağladı.

Bir iki adım önümdeydi. Bana bakmadan konuşuyordu. Adımları iyice yavaşladı ve durdu. Arkasını döndü. Yüzü ay ışığında kutsal bir varlık gibi parlıyordu. Sonra bu kutsal varlığın dudakları benimkilere değdi. Şaşkınlık ve heyecan duyguları arasında öpüştüm. Dudaklarının dolgunluğunu hissettim. Eli boynuma tutundu ve dillerimiz buluştu. Ama acele etmedim. Bu beklenmedik ateşin olgun tarafıydım ne de olsa.

Ahenk içerisinde dudaklarımızı ayırmadan kumlara uzandık. Aklımdan sürekli nerede durmam gerektiği geçiyordu. Kapılmamak için zorluyordum kendimi ama öyle bir haz bulutu içerisindeydim ki düşüncelerim yavaş yavaş kayboluyordu. Ellerim kısa kot şortunun altından kalçalarına doğru ilerledi. Göğüslerinin sıcaklığını göğsümde hissediyordum. Arsız ergenler gibi bu kadim kumsalda sevişiyorduk. Maya üstümde, sırtım kumların üzerindeydi. Tutku tüm kontrolümü parçalayıp Maya'nın üzerine saldığı esnada kulağıma *ağla* diye fısıldadı. İlk önce *ağla* komutunun ne anlama geldiğini anlamaya çalıştım. Durmak istemiyordum. Gerçekten *ağla* mı demişti Maya? Sonra bir daha, ama bu sefer daha belirgin *ağla* dedi kulağıma. Hızlıca komuta itaat edip istediğimi almayı düşündüm, lakin ben nasıl ağlayacaktım? İsteğin tuhaflığını anladıkça heyecanımın yerini endişe almaya başladı. Maya'nın hareketleri yavaşladı ve bedenime yapıştırdığı vücudu doğruldu. Şimdi gözlerimin için bakıyordu.

"Ağlamayacak mısın?"

Önce tereddüt geldi, sonra da hafif bir endişe... Ciddi miydi? Bir çeşit fantezinin içine mi çekiliyordum yoksa? Ne diyebilirdim ki? Gözyaşlarımı dilediğim zaman akıtabilseydim o an Maya için sular seller gibi ağlardım. Ki "ağla!" diye bağırdığımda anında ağlamaya başlayan onlarca, belki yüzlerce oyuncu tanıyordum. İşim buydu benim. Oyuncuya komut vermek. Oyuncumu ağlatmayı biliyor ama ben ağlamayı bilmiyordum. Kim bilir en son ne zaman ağlamıştım. Aşina olmadığım bir eylemdi. Ben de ağlamak yerine sırıtmaya karar verdim. Ne kadar sürdüğünü idrak edemediğim sessizliğin ardından hafifçe yanağıma okşadı. "Yazık sana, *che pecatto,*" dedi gülümseyerek. Gülümsemesinin ardındaki nefreti ise hissetmemek imkansızdı. Üstümden kalktığı gibi siteye doğru gitti.

Kalkıp peşinden izleyemedim. Tepemde parlayan aya baka baka bir süre uzandım. Nerede yanlış yaptığımı bulmaya çalışıyordum. Biraz hâlimden de utanarak doğruldum ve ağır adımlarla eve gittim. Aklım karma karışıktı. Aklıma sadece filmlerden bildiğim ağlama sahneleri geliyordu.

Sitenin içerisinde dikkatli adımlarla ilerledim. Maya'yla karşılaşmaktan korkuyordum, çünkü ne diyebileceğime dair hiçbir fikrim yoktu. Konu ne olursa olsun yüzüme bir tebessüm yerleştirecek o içeceğin yardımına şu an ihtiyacım vardı. Ama Sinan'ın evi karanlığa gömülmüştü.

18.

Ertesi gün Nihal'in tavsiyesini hatırlayarak, kafamı dağıtmak ümidiyle müzeye gittim. İki katlı küçük bir yapıydı. İkinci katın ortasındaki boşluktan giriş katın avlusuna bakabiliyordunuz. Müze bomboştu. Sadece camekanların arkasına dizilmiş eserler ve ben vardık. 70'lerin sonlarında kurulan müze hiç restorasyon geçirmemişti. Işıklandırmaların bir kısmı çalışmıyor, müzeyi soğutması gereken havalandırma ise son nefesini veriyor gibiydi.

Müzenin ziyaretçilerine sundukları, Anadolu'nun sayısız yerinde rastlayabileceğiniz irili ufaklı müzelerden pek farklı değildi. Başlı başsız heykeller, sikkeler, ziynet eşyaları, savaş aletleri... Gördüklerim çok ilgimi çekmese de gözlerim eserler üzerinde *tebessüm çiçeği* motifi aradı. Nergis'in kitaplığında duran o heykeldeki gibi. Lakin yoktu.

Müzenin ikinci katını dolaşırken avluya bakan korkuluklara yöneldim. Aklımı dağıtmaya çalışsam da dün gecenin kâbusu üstümdeydi. Çok düşünmüş ve Maya'ya bunu yaptıracak bir şey bulamamıştım. Yine de kendimi aklamaktan uzaktım. Maya'nın tuhaf bakışları gözümün önünden gitmiyordu. Anlam veremiyordum.

Korkuluğa dayanmış alt kata bakarken avluyu süsleyen mozaiğe takıldı gözüm. Ortalama bir evin salonu büyüklüğündeki mozaikte dans eden insanlar betimlenmişti. Etrafı kordonla çevrili mozaiğin orta yerinde ise minik taşlarla o çiçek resmedilmişti. Kalp atışım hızlandı ve telefonuma davranıp fotoğraflarını çekmeye başladım. Sinan'ın bu mozaiği görüp görmediğini merak ederken salonda bir adamın sesi yankılandı.

"Nasıl çok güzel değil mi?"

Ses karşı korkuluklara dayanmış takım elbiseli bir adamdan geldi. İnce ve uzun, traşlı ve ciddi bir yüze sahip ellilerinde biriydi.

"Evet," dedim "Öyle."

"MS 200'lerden... Aslında insan ve çiçek figürü çok sık rastlanan motifler mozaiklerde. Ama dans edenlerin yüzlerine bakacak olursanız belirgin bir gülümseme, bir tebessüm var yüzlerinde. O açıdan benzersiz bir mozaiktir."

Gerçekten de dans eden insanların yüzünde mutluluk vardı. Çiçeğin etrafında yüzlerinde bir tebessümle raks ediyordu antik insanlar. Tanıdık bir ifadeydi benim için ama bu içimin ürpermesine engel olmadı.

"Arkeolog musunuz?" diye sordum.

"Hayır, müze müdürüyüm," dedi sakince. "Ya siz? Turistik amaçla mı geldiniz ilçemize?"

Sitede *müze müdürü* lafı birkaç kez geçmişti. Site SİT alanı üzerine kurulu olduğundan müze müdürüne danışmadan çivi dahi çakamıyordu Harabeler Sitesi sakinleri. Dolayısıyla müze müdürü öcü gibi bir şeydi onlar için. Aklımda bunu tutarak yanıt verdim. "Yok, bir iş üzerine çalışmak için bir süreliğine yerleştim buraya. Antik kente yakın bir sitede kalıyorum hatta."

"Öyle mi? Hangisi?"

"Harabeler Sitesi..."

Olacak iş değil babında, sinir bozucu, kısık bir kahkaha attı.

"Sinan Bey'i tanırsınız o hâlde?"

"Elbette, komşum ve dostum olur."

"Nezih Bey'i de..."

"Tabii, yöneticimiz..."

"Merhum Ahmet Bey'i de tanır mıydınız?"

Özellikle bu ismi sorması şaşırtıcıydı.

"En yakın arkadaşımın babası olur. Onların evinde kalıyorum zaten."

Yazık oldu adamcağıza der gibi başını iki yana salladı. Korkulukları bırakıp sırtını düzeltti, ağzı gerildi ve "Selamımı iletirsiniz Nezih ve Sinan Bey'e," dedi.

"İsminizi vermediniz ki selamınız ileteyim..."

"Şerif derseniz anımsarlar. Hatta *Şerif o işi halletmiş* derseniz sitenin şenleneceğine şüphem yok."

Ani bir husumet dalgası müzeye yayıldı. Sitenin, sitemizin gardiyanı kılığına bürünmüş, Nezih dahil kimseyi herhangi bir müze müdürüne yedirmeyecektim.

"Ne işi? Hey size diyorum!" diye seslensem de arkasına bakmadan kayboldu.

Hızla müzeden ayrıldım ve sitenin yolunu tuttum. Sinan'ı bulup müdürün mesajını iletmem gerekiyordu. Tahmin ettiğim yerde, evinin mutfağında buldum onu. Yağ süzüyordu. Şerif'in mesajını iletmemle birlikte yaptığı işi bıraktı, ellerini havluya sildi ve "Gel benimle," dedi. Sitenin diğer yakasına doğru yürüdük. Yolda Füsun'u da aldık yanımıza. Sinan'ı yüzü ciddiydi. Yol boyu tek kelime etmedi. Ta ki kendimi en son bulmak isteyeceğim yere, Nezih Bey'in evinin önüne varana dek.

"Nezih!" diye seslendi. "Bakar mısın?" Nezih'in önündeki Bey'i düşürmüştü komşum. Birkaç saniye sonra sinekliğin ardında Nezih Bey belirdi. "Buyur," dedi mesafeli bir tonla.

"Dışarı gelsene, konuşmamız lazım."

Nezih içeri "Sinan Bey gelmiş hanım," diye seslenip verandaya çıktı.

"Mert bugün müzeye gitmiş. Bil bakalım kiminle tanışmış orda."

"Kiminle?"

"Şerif itiyle!"

"Şerif mi? Geri mi gelmiş o?"

"Öyle valla... Utanmaz bir de bize mesaj göndermiş. *O işi hallettim* demiş!"

"Hangi işi?"

"Yahu Nezih yapma gözünü seveyim, sence hangi iş? Adam yemin ettiydi bu siteyi yıktıracağım diye. Kaptan'dan yumruğu yiyip o yemini ederken sen de oradaydın. Gözü dönmüştü herifin. *Ölmüş anam üzerine yemin ederim* diyordu bir de yüzü gözü kan içinde!" Demek ki Sinan'ın *bir ara anlatırım* dediği müze müdürü Şerif'ti.

Şerif Bey buraya ilk atandığında genç ve idealist bir müdürmüş. Harabeler Sitesi'nin birinci derece SİT alanı üzerine kurulu olduğunu görünce yıkım kararı çıkarılması için kolları sıvamış. Sitenin de ilk yılları. Sakinler henüz yeni yeni yerleşiyorlar yazlıklarına. Şerif Bey ne yapmış etmiş, kılı kırk yarıp izni çıkarttırmış. Neyse ki Kaptan'ın devlette tanıdıkları var, tufaya düşürüp kararı bozdurmuş ve siteyi ipten almış.

Vaziyeti anlayan genç müdürse soluğu sitenin kapısında almış. Var gücüyle kendisini durduramayacaklarını haykırmış. Kaptan'ın devlet bağlantısı bir hayli güçlü olacak ki *devlet memurudur, suçtur* demeden yumruğu Şerif'in yüzüne oturtmuş. E üstüne biraz da hırpalamış, sitenin orta yerinde, millete rezil etmiş adamcağızı. Müdür de burnundan akan kanı elinin tersiyle silip ölmüş anası üzerine yemin etmiş siteyi bir gün yerle bir ettireceğine.

Nezih Bey'lerin verandasında Maya'nın getirdiği çayları yudumlarken bana böyle anlattılar olup biteni. Çaya uzanırken onun yüzüne dahi bakamadım. Ama o başka bir ruh hâlindeydi. Bana herhangi bir sorun olmadığını hissettirmek ister bir tavrı vardı. Hatırımı sordu, gülümsedi, *Füsun'un mekânında görüşürüz* dedi.

Füsun, Sinan ve Nezih sitenin geleceğini ilgilendiren bu ihtimal üzerine senaryolar geliştirip, kafa yorarken araya girip kaptan ve müdürün kavgasının ne zaman gerçekleştiğini sordum. Bir durakladılar. Füsun parmaklarıyla hızlı bir hesap yaptı. "Bak iyi hatırlıyorum. Otuzuma basacaktım o sene. Kaptan'ın kaybolduğu yazdı... Ondan birkaç ay önce, yaz başıydı hatta!"

"Kaptan'ı o öldürmüş olamaz mı?" diye sordum gayri ihtiyari bir anda. Çıkıverdi öylecene ağzımdan. Ama böylesine kimsenin aklından dahi geçmeyecek bir ihtimali bam diye ortalarına bırakmak yerinde bir taktikti. *Toz Duman*'dan Komiser Turan da böyle yapardı. Kim bilir kaç kez çektiğim Turan'ın sahneleri geçti gözümün önünden. Suali yöneltmemle birlikte hızlıca yüzlerini süzdüm. Kaptan'ın ölümü ya da kayboluşu uzun zamandan sonra ilk defa akıllarına gelmişçesine yokluğa baktılar. Komiser Turan olsa şimdi ikinci, ardından da üçüncü soruyu hızla sorardı ama benim soracak başka sorum yoktu. Ben de uzun süren sessizliğin eşliğinde yüzlerini süzmeye devam ettim. Nezih kıs kıs gülmeye başladı. "İlahi yönetmenim, olacak şey mi o! Adamcağızı görmedin mi? Hiç, birini öldürecek tip var mı onda!"

Diğerleri de Nezih'e hafif bir kahkahayla eşlik ettiler. Kendimi biraz küçümsenmiş hissettim. Tartmadan, bana yaraşmayacak acemilikte sormuştum sorumu. Öte yandan kaptanın bu apansız yok oluşu sürekli aklımı kurcalıyordu. Belki kendime bir meşgale yaratma peşindeydim. Belki *Toz Duman* tahmin ettiğimden fazla işgal etmişti bünyemi ve aklım sürekli polisiye evrenine geçme çabasındaydı. Ama içimdeki bu dürtüyü yadsıyamazdım. Belki de ilk kez ete kemiğe bürünmüştü. Hatta benden çıkmış başkalarının da üstüne sıçramıştı. Sinan ile göz göze geldik. Ne işler çevirdiğimi anlamaya çalışır bir ifade vardı suratında.

"Neyse..." dedi Sinan. "Nezih sen belediyedeki tanıdıklara bir sorarsın siteyle ilgili bir karar, bir söylenti var mı diye. En azından içimizi rahatlatırız."

"Olur bakarız," dedi. Kalkmak üzere hareketleniyorduk ki Nezih o iç gıcıklayan ses tonuyla konuştu arkamızdan: "Hazır buraya kadar gelmişken, geçenlerde sizin taraftan çok ses geliyordu. Kahkahalar, müzikler... Sitenin bu yakası erken yatar. Ne şenliği yapıyordunuz bilmiyorum ama biraz da saygı lütfen."

BULUŞMAK

Bir labirentteyim. Buraya nasıl geldiğimi bilmediğim gibi nasıl çıkacağımı da bilmiyorum. Ama labirentler bunun için değil midir zaten? Kaç koridor, kaç dönemeç, kaç kayboluş beni buradan çıkarır? Labirentin duvarları yok. Alabildiğince uzayıp giden beyaz bir zemindeyim. Duvarlar yok ama dolambaçlı yollar var. Duvarlar olmasa da yanlış yöne sapıp çıkmaza girdiğimde fark ediyorum. Dahası, hissediyorum. Duvarları hislerim örüyor.

Hızla ilerliyorum yine de. Arkama bakmadan koşar adım gidersem çıkışa daha hızlı varırım. Ailos tulumunu açmış ama hangi rüzgârı salmış? Saçlarım uçuşuyor. Yüzümü kapatıyor. Ama saçlarımı toplamak için dahi durmuyorum.

Başımı kaldırdığımda zeminin tüm beyazlığına rağmen gecenin çöktüğünü anlıyorum. Geceye pespembe bir ay eşlik ediyor. O an labirentten çıkışın aya yükselmekte yattığını hissediyor ve adımlarımı yukarı doğru atmaya başlıyorum. Yukarı doğru çıkmaya başlıyorum. Çıktıkça adım atmalarım süzülmeye dönüşüyor. Pembe aya doğru, labirenti aşağıda bırakarak.

İçime bir ferahlık yayılıyor. Labirentten çıkmış olmanın ferahlığı bu. Labirentler bunun için değil midir zaten?

Peki nereye kadar yükselebilirim? Aya kadar? Sanmıyorum. Sanmadığım için durmaya karar veriyorum. Biraz yatay süzülmeye karar veriyorum. O sırada karşıdan süzülerek o geliyor. İstediğim gibi. Arzuladığım gibi.

Artık çıplağım. O da. Ve buluşuyoruz. Hiç konuşmadan dudaklarımız buluşuyor. Sonra da bedenlerimiz. Bedenlerimiz hızla birbirini dövmeye başlıyor. Hazdan damarlarımız derimizi zorluyor. Pembe ay bize bekçilik ediyor. Gelen yok, giden yok diyor. Havada süzülüp sevişirken çığlık atıyoruz. Uluyoruz. Ve geldiğimiz anda pembe ay gökyüzünde patlayarak üzerimize konfetiler saçıyor.

HAZİRAN 1994

19.

Nergis Teyze'nin günlüğü belirgin bir tarihten sonra giderek tuhaflaşıyordu. Saykodelik bir anlatı, belki de bir dışa vurum, giderek sayfalara hâkim oluyordu. Bu sayfalar gündelik olay ve gözlemlere kıyasla daha çok ilgimi çekse de ufaktan içimi ürpertmiyor da değildi. Ne yaşamıştı Nergis Teyze? Belki de yeni bir kendini ifade biçimi geliştirme derdindeydi. Nihayetinde edebiyat öğretmeniydi ve yazın dünyasının bir üyesiydi kendisi.

Özellikle bu tip anlatıları okumamın ardından günlüğü biraz daha ciddiyetle ele almaya karar verdim. Olup biteni daha iyi anlamak için rastgele sayfa açıp okumak yerine ilk sayfadan, kronolojik okumaya başladım.

İstanbul'da başlıyordu. '94 senesinin Nisan ayında. *Onu deryalar bekliyor, peki ya beni?* cümlesiyle bitiyordu ilk bölüm. Sefere çıkacak eşinin ardından yazmıştı bunu. Günlüğün ilk bölümleri biraz bu yalnızlığın etrafında geziniyordu. Kapris dolu, yalnızlıktan sızlanan satırlar değildi bunlar. Daha çok hayata bir çift gözüyle değil de tekil bakmayı öğrenen birinin ilk izlenimleri gibiydiler. Ara ara kocasının yokluğundan çektiği özlemden bahsetse de *nihayet, belki de hayatımda ilk defa ne istediğimi biliyorum ya da öyle zannediyorum* gibi cümleler bir uyanışın altını çiziyordu.

Nergis, İstanbul günlerinde evi, mahalleyi ve civarı da anlatıyor, üzerinde bıraktığı etkiden, gözlemlerinden bahsediyordu.

Bu bölümler benim için özellikle ilginçti çünkü bahsettiği yerler bizim mahallemizdi. Küçüklüğümün geçtiği mahalleyi 94 senesinde kırklarında birinin cümlelerinden okumak enteresandı. Özellikle sahilde yaptığı yalnız yürüyüşler, Adalar'ı uzaktan süzüşü ve onda yarattığı büyüleyici yalnızlık hissini çok iyi anlamıştım. Adalar ufakken bende de benzer bir etki bırakırdı. Adalar ile kurduğu ilişki iç dünyasına dair ipuçları da veriyordu: *Bir gün yakınlaşıyor, başka gün uzaklaşıyorlar... Adeta kendilerini fark etmem için oynadıkları küçük sinsi bir oyun misali. Ama Adalar şunu çok iyi biliyorlar, bir gün oraya tek başıma gider isem asla geri dönmeyebilirim. İşin kötüsü bu fikir beni cezbediyor. O sebeple Adalar'a değil de önüme bakarak yürüyorum bugün.*

Oğlu, yani arkadaşım Deniz ise satırlarda kendine çok yer bulamamıştı. Onun adına biraz üzüldüm. Nihayetinde hepimiz çocuklarını kendi hayatlarının önüne koyan annelerin çocuklarıydık. Başka türlüsünü bilmeyen, hatta düşünmek dahi istemeyen şımarık ve bencil çocuklardık. Sayfalarca çocuğunu anlatacağını sandığım bu kadın birkaç yerde *biricik, canım, haylazım* gibi sıfatlar kullanıp, oğlan okuldan eve döndüğü için günlüğüne ara verdiğini yazmaktan öteye geçmiyordu. Deniz sevilmeyecek bir çocuk değildi ama belki annesi günlüğünde çokça yer verecek kadar da sevmiyordu onu. Ya da istediği kişiye istediği kadar yer verirdi, günlük onundu nihayetinde.

Yazdıkları bir yerde Harabeler Sitesi'ne bağlanıyor ve buradaki günlerinden bahsetmeye başlıyordu. Yine aşina olduğum yerleri tasvir ediyor, artık bildiğim simaların isimleri sık sık geçiyordu. Hatta kimi olaylar ilginç bir şekilde tanıdık dahi geliyordu. Heykeli denizden çıkardığı gün... Ya da Kaptan ile çıktığı yürüyüşte uçurumun kenarına gittikleri gün. Ve çiçekler? Çiçekleri Sinan bulmamış mıydı? Tebessüm çiçeğini Nergis de biliyor muydu? Müze müdürünün yediği dayak dahi vardı günlükte. *Ahmet'in içindeki canavarı gördüm bugün. Nerede tutuyor bu canavarı? Neyle besliyor onu? Okyanusta geçen günler, içinde başka bir insanı mı yarattı? Neden bu kadar uzağım en yakınında olduğum insana? Müze müdürüne yüzündeki kanı silmesi için götürdüğüm mendile dahi tahammülü yoktu. Ürktüm. Nefretten, şiddetten, yol açabileceklerinden.*

Bu olaydan bir süre, anladığım kadarıyla bir buçuk ay sonra, Kaptan sefere çıkıyordu. Nergis ve Deniz ise burada Antik Kent'te kalıyordu. İşte her şey bundan birkaç sayfa sonra değişmeye başlıyordu. Nergis'in yazdıkları pek bir anlam ifade etmemeye, kendisi adına endişelenmeme sebep oluyordu. Belki de kadın rüyalarını kaleme almaya karar vermişti. Ya da dediğim gibi yeni bir yazım dili deniyordu. Ama bir şeylerin bir anda değiştiği aşikardı.

Günlüğün sonlarına geldiğimi anladığım vakit ise durmaya karar verdim. Hemen bitirmek istemedim. Biraz başka meselelere kafa yormak iyi olacaktı. Mesela müze müdürünün buraya gerçekten neden döndüğü ve Deniz'in babasına gerçekten kıymış olup olamayacağı gibi.

20.

"Yarın sabah balığa çıkalım," diye seslendi Sinan camdan evin içine doğru. Kanepede uzanmış tavana bakıyordum. Fazla opsiyonum yoktu. Ne yapacaktım ki? Film mi çekecektim. Balık tutmaktan zerre kadar anlamasam da "Olur," dedim.

Ertesi sabah, erken saatte Füsun'la birlikte kapımdaydı komşum. Füsun şapkası, balıkçı yeleği ve olta takımlarıyla işin ehli gibi dikilmişti. Sinan da "Bu sitede balık işi Füsun'dan sorulur," diyerek onayladı vaziyeti. Füsun önde, biz arkada, sitenin bir-iki kilometre ilerisindeki nehre yürüdük. Komşumun ufak teknesi nehir üstündeki küçük ahşap iskelelerden birine bağlıydı. Gösterişsiz, amaca hizmet bir tekneydi. Adı *Gombul*'du.

Nehir, dev sazlıkların arasından çıkan derme çatma balıkçı kulübeleri ve önlerine bağlanmış teknelerle doluydu. Motorun pat pat sesleri eşliğinde nehrin ağzından denize açıldık. Komşumun keyfi pek yerindeydi. Çok konuşmasa da yüzünde yerleşik bir gülümseme vardı. Füsun ise sessizce oltaları hazırlıyordu.

"Ne çıkıyor genelde bu denizden?" diye muhabbet açtım sonunda sessizliği dağıtmak için. Füsun sorumu beğenmemiş gibi iç çekti.

"Yapma be Füsun!" dedi Sinan.

"Ne oldu? Yanlış bir şey mi sordum?"

"Füsun epeydir balığa çıkmıyor da biraz benim zorumla geldi bugün. Bakma somurttuğuna gelir keyfi yerine birazdan. Hele gelsin oltasına bir levrek!"

"Ya bırak Sinan, en son ne zaman levrek tutmuşuz. Balık mı kaldı denizde? Alay konusu olduk siteye zaten."

"Hayrola," dedim Sinan'a, konuyu izah etmesini ister bir bakışla.

"Füsun her sabah gün doğarken sahile inerdi. Aralıksız her sabah. Tabii bu balon balıklarından önceydi. Balon balıkları buraları istila ettiğinden beri oltalarını kaldırdı."

"Bir kere balonlar yüzünden değil Sinancım. Benimle alay etmeseydiniz ben yine her sabah giderdim sahile."

"Ya Füsun elin boş dönüp duruyorsun diye iki şaka yaptık, ettiğine bak!"

"Ne bu balon balığı Füsun?" diye sordum. Füsun oltaları şimdi hazırlamış suya sallamaya hazır gözüküyordu. Boş versene gibisinden omuz silkti.

"Sinan'a sor."

"Bunlar istilacı bir tür. Görmüşsündür belki haberlerde. Dadandıkları yerde diğer balıkları silip süpürüyorlar. Kızıldeniz'den geliyorlar sanırım. Küresel ısınma ya da globalleşme, sebebi önemli değil, resmen yiyip bitirdiler buraları. Bir de meymenetsiz, çirkin bir balık. Gördün mü yiyesin gelmez. Zaten yenmiyor da pek. İçinde zehirli bir kesesi var, onu çıkartıp atmayı bileceksin, anca öyle yersin. Yoksa bildiğin öldürür adamı. Acayip güçlü çenesi var bir de. Balıkçı ağlarını bile parçalıyor. Kıyamet gibi bir balık anlayacağın."

"İnsana zararı var mı? Saldırgan mı?" Yalanım yok, Sinan'ın anlattıkları biraz tedirgin etmişti beni.

"Yani es kaza üstüne basarsan etinden ufak bir parça koparır götürür öyle diyeyim. Ama kıyılara pek gelmez. Di mi Füsun?"

"Gelmez şerefsiz," diye yanıtladı Füsun ellerimize oltalarımızı tutuştururken. "Ama," diye devam etti "Oltaya geliyorlar. Geldi mi de vücuduna derin bir kesik atıp denize geri atıyorum. Yesinler birbirlerini yamyamlar."

"Hiç mi başka balık yok?" moralim bozulmuştu.

"Var, yok değil. Şanslıysan levrek, zargana, karagöz yakalarsın hâlâ. Ama on yıl öncesine kıyasla deniz bildiğin tam takır."

"E niye çıktık biz balığa?"

Füsun yine omuz silkti.

"Kafa dağıtmaya Mertcim," dedi Sinan. "Hep içindeyiz ya denizin, biraz da üstünde süzülelim istedim."

Gombul pat pat yol aldı. Deniz sakin, hava ise şeker gibiydi. Buraların sabah dinginliği bir başkaydı. Saat dokuz sularına kadar çıkmayan rüzgârın görevini sabah serinliği üstleniyordu. Önce biraz açıldık, oltalarımızı salladık. Birkaç kez çektik ama bir şey gelmedi. Sabah insanı değildim. Balık insanı hiç değildim. Ama Sinan ve Füsun adını tam koyamadığım, tespitini tam yapamadığım bir güven hissi veriyordu bana. Onlarla takılmak şımartıyordu beni sanki. Özeneceğim insanlar değillerdi, hatta tam tersi alışık olmadığım, bambaşka kişiliklerdi. Belki de bu yüzden böyle bir his peyda oluyordu içimde.

Oltadan sıkılıp ellerimi suya daldırdım. Daldırmamla birlikte yine Kaptan geldi aklıma. Adamın mezarının üzerinde geziniyorduk. Tedirgin ediciydi. Gözümü sudan alamıyordum. Sanki her an, orada derinlerde bir yerde onu görecekmişim gibi. Çürümüş, sürüklenen ama üniformalı.

Sinan az önce Füsun'un her sabah gün doğumunda balık tutmaya indiğini söylemişti. O görmüş olamaz mıydı o gün Kaptan'ı?

"Sabahları balık tutmaya indiğinde görür müydün Deniz'in babasını?" diye sordum Füsun'a.

"Bazen. Uzaktan el sallar denizine girerdi. Pek konuşmazdık. Sabah erken girmeyi severdi o da denize."

"O sabah görmedin mi peki? Kaybolduğu sabah..." Ve ben daha cümlemi bitirmeden "*Yok,*" dedi. Sanki sadece sözümü değil bütün muhabbeti kesmek ister gibi. Sesinde bir gerginlik vardı. Ya da bunu ben kurguluyordum. Neticede kurgu benim işimdi.

"Allah'ın cezası seni!" diye haykırdı sonra ve oltasını havaya kaldırdı. Oltanın ucunda kocaman, hilkat garibesi bir balık can çekişiyordu. Merakla bakmak isteyeceğiniz değil gördüğünüz anda arkanıza bakmadan kaçmak isteyeceğiniz bir balıktı bu. İri ve kaslı bedenine küt bir baş eşlik ediyordu.

"Balon mu bu?" diye sorabildim.

"Ta kendisi," diye yanıtladı Füsun. Balığı ensesinden kavradı, böğrüne bir çentik attı ve denize geri fırlattı. Bunu seri yapmıştı. Civardaki tüm balon balıklarının korkulu rüyası Füsun'du.

Güneş yükselmeye devam ederken Gombul yol almaya devam etti. Açıklardan kıyıya yöneldik. Kafamı Kaptan ve balon balıklarıyla meşgul tutsam da Maya ile yaşadıklarım sürekli bir yolunu bulup zihnime musallat oluyordu. Yaşananlar gerçek miydi? Aslında hiç yaşanmamış olabilir miydi? Geçen günkü sıcak ve samimi muhabbeti beni kendime karşı şüpheye düşürüyordu.

"Şu ilerdeki tekneye yanaşacağım, ne halt ettiklerini soralım," dedi Sinan. Bizim sitenin hizasında, kıyıya çok yakın bir yere demirlemiş, işi balıkçılık ya da gezinti olmadığı belli bir tekne vardı. Siyah ve sarı renklerdeki teknenin yanında *Sistem -1* yazılıydı.

"Merhabalar," diye seslendi Sinan iyice yanaştıktan sonra. Güvertede ciddi bir iş çevirir kılıklı üç adam vardı. Varlığımızdan biraz rahatsızlık duymuş gibi bize döndüler. "Bizim sitenin önü olunca merak ettik. Belli ki balık da tutmuyorsunuz."

Adamlardan biri bize yanıt vermeden önce, sahildeki adamlara ıslık çalıp gitmelerini işaret eden bir hareket yaptı. Sonra Sinan'a dönüp mesafeli bir tonla "Bir proje için çalışıyoruz beyefendi, size rahatsızlık vermeyiz," dedi.

"Ne projesiymiş bu?" diye hızla sordu Füsun.

"Bir su projesi diyelim ama detay veremeyiz. Devlet işi sonuçta."

"Devlet bizim değil mi? Neyi paylaşamayacakmış bizimle?" diye yine aynı hızla sordu Füsun. Adam asabı bozulmuş bir gülücük takınıp önüne döndü. "Hayda... Kime konuşuyoruz biz, alo!" Füsun'un tepesi atmak üzereydi. Adamlar biz yokmuşuz gibi kendi aralarında konuşmaya devam ettiler. "Bana bakın, insan yerine koyduk selam verdik, bir soru sorduk!"

"Hanımefendi," diye döndü yine aynı adam. "Sizinle herhangi bir bilgi paylaşma zorunluluğum yok. Ama pek yakında detayları zaten size iletilir. Anladığım kadarıyla şu ilerideki sitedensiniz. Orası da proje alanına dahil zaten. O sebeple, dediğim gibi, pek yakında size bilgilendirme yazısı gelecektir." Üçümüz önce adamın ileriyi işaret eden parmağına ve sonra da doğrulttuğu yöne baktık. Harabeler Sitesi'ni gösteriyordu.

21.

"Şunu içince keyfim yerine geliyor vallahi... Dediğim gibi dünyayı bu meret kurtaracak, bakın görün siz." Sinan arkasına yaslanmış tebessüm çiçeğini yudumluyordu. "Bu adamların ne haltlar karıştırdığını, Şerif'in neyi ima ettiğini çözmemiz gerekecek. Sen hep derdin Füsun bu SİT alanı hikâyesi başımıza bir gün bela olacak diye. Rahmetli anan ve baban olsa şimdi kim bilir ne derlerdi. O gün geldi çattı mı dersin?"

"Olabilir," dedi Füsun. Onun da yüzüne şimdi hafif bir gülümseme yerleşmişti. "Neyse canım, olacağına varır her şey. Biz keyfimize bakalım, yazın tadını çıkaralım."

Füsun ve komşumla verandada çiçeğin keyfini çıkarıyorduk. Gün boyu site içi, hararetli konuşmalarla geçmişti. Sinan ve Füsun gemideki adamların söylediklerini sitenin önde gelenlerine iletmiş, sinirler büsbütün gerilmişti. Yıllar önce bir üçkağıtla peyda olan Harabeler Sitesi kaçınılmaz sona doğru mu ilerliyordu? Ülkenin dört bir yanından gelip güzel bir yazın hayaliyle alınan evler yerle yeksan edilirken ellerinden hiçbir şey gelmeyecek miydi? Belki de yapabilecekleri hiçbir şey yoktu. Burası taşa toprağa karışırken sadece izleyeceklerdi.

"Ne yapmayı planlıyorsunuz?" diye sordum.

"Önce işin aslını astarını bir öğrenelim bakalım," dedi komşum dingin ses tonuyla.

"Nergis Teyze'yi arayayım mı ya da Deniz'i?"

"Dur, dur, ortalığı hemen galeyana getirmeyelim," dedi Füsun gözlüklerini düzelterek. Zaten ortalığı galeyana getirecek pek hâlimiz yoktu o sırada. Tebessüm çiçeği bizi iyice mest etmiş, canımız sadece güzel şeylerden bahsetmek istiyordu. Nitekim öyle de oldu. Birkaç saniyelik sessizlik takip etti Füsun'u. Sonra çirkin ve detone sesine aldırış etmeksizin bir türkü çığırmaya başladı. Adını sanını bilmediğim, hüzünlü olsa da Füsun'un yüzünde gülümsemeyle söylediği bir türküydü. Bir süre sonra Sinan da eşlik etmeye başladı. Türküyü beğenmemiştim bile ama parmaklarımla tempo tuttum onlara. Gönüllerimiz birdi. Çünkü bu çiçeğin suyu, özü böyleydi. İçindeki iyiyi dürtüyor, ortalık güzellikle dolsun istiyordu. Biz de ne dünyayı ne de sitenin kaderini dert ettik. Bıraktık içimizdeki güzellikleri geceye aksın diye.

22.

Kafa dağıtmak için çıktığım yürüyüş sırasında Nezih'e rastladım. Uzaktan ağır ağır, tın tın bana doğru geliyordu. Yolumu değiştiremeyeceğim için her türlü sohbeti de göze alarak ona doğru yürümeye devam ettim. Sonunda adımlarımız kesişti ve karşılıklı gülümsemeye başladık. Yüzü pancar gibi olmuş, ter içerisindeydi. Epeydir güneşin altında iş yapmış gibi bir hâli vardı ve kollarındaki taze çiziklerden hafifçe kan süzülüyordu.

"İyi misiniz?" diye sordum koluna bakarak.

"Olduğu kadar," dedi "Siteyle ilgili sorunlar, dünyanın hâli falan sinirlerimizi bozdu tabii. Neyse, haydi görüşürüz..."

Hareketlenmeye kalktığı anda "Kolunuzu sordum," dedim.

"Ha kolumu mu? Biraz kekik toplayalım dedik şu başımıza gelene bak. Hay Allah." Kötü bir oyuncuydu Nezih Bey. Şaşırmış gibi yapsa da her şeyin gayet farkındaydı. Ama neden yalan söyleme gereği duymuştu? Lafını dahi tamamlamadan siteye doğru yürümeye başladı. Neden yaramazlık yaparken yakalanmış bir çocuk edası vardı? Ardından baktım. Sırt çantası doluydu. *Kekik* demişti Nezih ama içimden bir ses o çantada kekik olmadığını fısıldadı.

23.

Füsun'la sahilde oturuyorduk. Deniz sanki bize dargın gibiydi bugün. Dalgalar azgındı, rengi griydi. Hâlbuki hava güzeldi. Keyfi kaçık olan sadece denizdi. Hâliyle sahil de boştu. Füsun da dertli gibiydi gerçi ama çok açık veren biri de değildi. Dolayısıyla bu sadece benim gözlemimdi.

"Keyfin yok gibi," dedim bir süre sonra.

"Yok pek," dedi.

"Neden?"

"Hayat diyelim Mert, boş ver."

Füsun kendini adadığı bu yerle bir sevgi-nefret ilişkisi kurmuştu. Bir yanı İstanbul diye bağırıyor, diğer yanı onu hayatın burada güzel olduğuna ikna etmeye çalışıyordu. Öyle demişti kendisi. Onu anlayacak yegâne kişi de bendim. Bunu dememişti ama anlamam da zor değildi. Kafa dengi biriydim onun için. Lisanından anlıyordum.

"Boktan Mert, boktan. Hayat boktan. Ülke boktan. Gezegen boktan."

"Nefis bir mekânın var ama, yeterli değil mi?"

Sen ne anlarsın gibisinden acıklı bir gülümsemeyle gözlüklerini düzeltti.

"Oğlum kolay iş mi sanıyorsun öyle bir yeri çekip çevirmek. Bir de gelen kitleyi görmüyor musun? Hiç benlik insanlar değil. Harbiden özlüyorum Beyoğlu'nun curcunasını, insanını. Ne kadar pislik dolu olsa da. Sen buraya geldin geleli bir Beyoğlu özlemi coştu içimde."

"Beyoğlu bitik Füsun."

"Yaş ilerledikçe manevra kabiliyetin azalıyor Mert. Yakında anlarsın sen de. O yüzden arabanı doğru yere park etmeye bak. Sonra kala kalıyorsun park ettiğin yerde."

Füsun'un bu park etme metaforu hiç hoşuma gitmedi. Sevmesem de arabamı sağlam bir park yerinden çıkartmış, bilinmeze doğru sürüyordum çünkü. Aldığım kararlardaki risklerin bana dolaylı da olsa hatırlatılması beni tedirgin etmişti. Sahili döven azgın dalgalarsa ruh hâlime hiç yardımcı değildi. Konuyu değiştirmek üzere ağzımı açmıştım ki Füsun devam etti.

"Bak, şöyle bir an hatırlıyorum Mert. Ufağım. On iki on üç yaşlarında falan... Duştan çıkmışım ve annem saçlarımı kuruluyor. *Sen bu hayatta her şeyin en iyisine layıksın* diyor bana. Tam bir anne edasıyla. Bunu da üst üste birkaç kez tekrar ediyor. O yaştaki bir çocuğu inandırmak kolay tabii, ben de inanıyorum. Haklı olup olmadığını tartmadan şıp diye inanıyorum. Kafama kazınıyor. Hayatta her şeyin en iyisine layığım ben!

Şöyle başka bir şey daha hatırlıyorum. Ergenim. Okuldan eve dönmüşüm. Derslerim o sıra pek parlak değil. Biraz da haytalık yapmışım eve geç dönmüşüm. Babam evde. Mutfak masasında oturuyor. *Gel* diyor bana. Gidiyorum yanına. *Bu hayatta çabalamadan hiçbir şeye layık olamazsın* diyor gözlerimin için bakarak ve bunu birkaç kez tekrarlıyor. Gözümün içine baka baka, pis pis... Babam hayallerimi yıkarken benim tek düşünebildiğim annemin bana yıllar önce söylediği o sözler. Hangisi doğru bunların? Bu nasıl bir çelişki?" Denize bir taş fırlatıp devam etti. "Ben ömrüm boyunca bu ikilimde yaşadım yahu. Yeri geldi annemin sesi yankılandı kafamda, yeri geldi babamın. Babamın dediği kadar çabaladım, anamın dediği kadar da hak ettim. Ama vardığım noktadan memnun muyum? Sorsan ne cevap veririm bilemiyorum."

"Füsun senin tebessüm çiçeğinden şöyle güzel bir yudum alman lazım," dedim çünkü dert, tasa dinleyecek havamda değildim.

"Oğlum," dedi "Bir tebessümle geçmişi sıfırlayabileceğini mi sandın? Aptallık ve dürüstlük arasında çok ince bir çizgi var Mert. Aptal mısın, dürüst mü? Sen onu söyle."

Füsun'la sahilden dönerken Havva Hanım'a rastladık. Bavullarıyla sitenin girişinde dikilmiş bir araç bekliyor gibiydi. "Hayrola Havva Hanım erken dönüyorsunuz bu sene?" diye muhabbet açtı Füsun.

"Ne yalan söyleyeyim, tek başına bir bayan olarak kendimi güvende hissetmiyorum burada."

"Havva Hanım yapmayın, bakın ben de yalnız yaşıyorum burada, korkulacak hiçbir şey yok ki."

"Sana ne canım benim korkumdan, Allah Allah. Dediğim teller çekilseydi kalırdım da Sinan Bey yine aldı yanına sizinkileri yaptırtmadı. O teller yapılmadan da gelmem. Anlatıp duruyorum size ama dinleyen yok, buralara kadar geldi Suriyeliler. Yakında burada bir hırsızlık olayı olacak, Allah göstermesin birinin canına kıyılacak o zaman mı akıllanacak Sinan Bey? Hiç hayra alamet değil olanlar, hiç."

Füsun da Havva Hanım'la münakaşaya girmek istemediğinden hadi eyvallah minvalinde bir el hareketiyle yolumuza devam ettik. "Füsun," dedim, yeteri kadar uzaklaştıktan sonra. "Geçen Havva Hanım beni gafil avladı, verandasında bir çay içtik."

"Eee?"

"Eee'si şu... Muhabbet açıldı, laf Sinan'a geldi, dikkat et o adama, ahlaksız falan gibi laflar etti."

Yüksek perdeden bir kahkaha atıp "İlahi Mert," dedi "Havva Hanım'ın lafına mı bakacasın sen? Sitenin kendi tarafında bile sevmezler onu. Çaçaronun teki." Anlamsız bir detay gibi gülüp geçmişti Füsun ama bir anlığına da olsa irkildiğine yemin edebilirdim.

24.

"Bazı tesadüfler mucizedir, bazı mucizeler ise asla tesadüf değildir!" dedi arkeologların başı Nihal tebessüm çiçeğinden birkaç yudum aldıktan sonra. Serince bir akşamüstüydü ve yine Sinan'ın verandada toplaşmıştık. Artık neredeyse her gün Sinan'ın arka tarafta toplaşıyor, komşumun damıttığı tebessüm çiçeğinden içiyor, dert ve tasanın müdahalesine izin vermeden güncel konuları konuşuyorduk. Site ve dünyanın geleceği gibi.

Mağaracı kardeşler, Füsun, Maya, ben ve Sinan'dan oluşan grubumuza bu sefer kazı ekibi başkanı Nihal de dâhildi. Nihal, Füsun'un mekanına o kadar gider gelir olmuştu ki aramızda bir ahbaplık gelişmişti artık. Sinan sitenin arkeolojik statüsüyle ilgili birkaç soru sorma niyetiyle onu da çağırmamızı istemişti. Sinan Caretta Bar'a hiç gelmiyordu. Evinin, bahçesinin adamıydı o. Hâliyle Nihal'i alıp ona gittik.

Sitenin başına gelebileceklere dair pek bir bilgisi olmadığına emindim. Elinden bir şey gelmeyeceğine de. Ama artık çiçekle tanıştığına göre müzede gördüğüm mozaiği ve evimin salonundaki heykeli sorabilir, bu tuhaf çiçekle antik kent arasında nasıl bir bağ olabileceğine dair fikirlerimi paylaşabilirdim. Ama önce içeceğini yudumlayışını izledim. Aynı meraklı bakış herkeste vardı. Ekibe yeni birini dahil etmiş ergen çetesi gibiydik.

"Bu nasıl bir şey," diye açıklama bekleyen bakışlarla sordu Nihal. "Sinan Bey?" Komşum, sakin bir ses tonuyla, izah etmekten büyük keyif alarak tane tane çiçeği anlattı. Nasıl bulduğunu, nasıl damıttığını, onca yıl sadece kendine sakladığını ama bundan bu yıl vazgeçtiğini. Benim için altıncı baskı falandı ama neyse ki iyi hikâye anlatıyordu genç ihtiyar. "Dünyayı bu çiçek, bu içecek kurtaracak Nihal Hanım," diyerek de bağladı.

"Buraların eski sakinleri de çiçekten haberdarlar mıydı sence?" diye sordum Nihal'e dikkatlerin dağıldığı, herkesin birbiriyle konuştuğu bir anda.

"İlk yudumdan beri aynı soruyu soruyorum kendime."

Aynı soruyu o da soruyorsa cevabı yoktu belli ki. Elimdeki delilleri ileri sürdüm.

"Müzedeki mozaiği gördün mü? Girişteki büyük olan. Tam orta yerinde bu çiçek var!"

"Emin misin? Herhangi bir çiçek olabilir."

Heyecanla telefonumdaki fotoğraflarını gösterdim. Dikkatle bakıp bir *hmmm* çektikten sonra "Olabilir, yakından da bakmak lazım," dedi. Bilim insanıydı neticede, benim gibi basit bir kurmacaya kapılacak değildi hemencecik. İkinci delilim heykele geçtim. El kol tarifiyle Nergis Teyze'nin bilmem kaç yıl önce denizden hayatı pahasına çıkarttığı heykeli anlattım.

"O heykelin evin salonunda değil de müzede olması gerekmez mi?"

Çocuksu heyecanımı kursağımda bırakmakta üstüne yoktu belli ki Nihal'in.

"Burada yaşayanların kenti neden terk ettiklerini bilmediğinizi söylemiştin. Belki çiçekle bir alakası vardır? Belki çiçeği duyan başkaları daha fazlası için burayı istila edip yerlileri kılıçtan geçirmiştir?"

"Muhtemelen bunu da asla bilemeyeceğiz Mert."

Kurgu bir kez daha bilime takılmıştı. Üstelemenin âlemi yoktu. Hayal gücüm arkeoloji dünyasında kabul görmeyecekti. Nihal de daha fazla hüsrana uğramamı istememiş olacak ki Sinan'a doğru dönüp çiçekle ilgili yılın hangi zamanlarında çıktığı, tam olarak hangi bölgede yetiştiği, ne kadarlık ömrü olduğu, bildiği yan etkileri gibi sorular sormaya başladı.

Yanıtları bir bir sıraladıktan sonra soru sorma sırası Sinan'a geçti. Gecenin asli meselesine gelmişti komşum. Harabeler Sitesi.

Site sakinlerinden adını daha önce duymadığım bir şahsın edindiği bilgilere göre devlet dev bir su projesi üzerine çalışmaktaydı. Dağlardaki vadilere kurulacak barajlarda toplanan su, dev borularla sitenin hemen arkasındaki yamaçlarda toplanacak, ardından salınım yöntemiyle Akdeniz'in farklı noktalarına içme suyu tedarik edilecekti. Daha doğrusu satılacaktı.

"Sonuçta devlet nasıl size usulsüz bir şekilde buranın tapusunu verdiyse aynı usulsüzlükle tapusunu elinizden alabilir. Sitenin içerisinde bir takım arkeolojik kalıntıların olması onları durdurmayacaktır. En fazla yavaşlatır..."

"Ama siz mesela site içerisindeki kalıntıların incelenmesi, kazılması için başvuruda bulunsanız ve burası mesela bir kazı alanı hâline gelse?"

"Biz o izni çıkarana kadar sizin sitenin yerine AVM yaparlar!"

"Tarihin hiç mi söz hakkı yok?"

"Sizce Sinan Bey?"

Görünen o ki sitenin kaderi bir bilinmezliğe doğru sürüklenmekteydi. Neyse ki tebessüm çiçeğini yudumluyordu herkes de dert edilmedi pek konuşulanlar. Maya'yla aramız da iyiydi. Eskisi gibi mesafeli ya da hırçın değil, tam tersi yakın bir dostuymuşumcasına sıcak davranıyordu. *Ağla* demişti bana hâlbuki. Etrafımdaki gizemlere bir gizem daha eklemişti Maya. Neden *ağla* demişti bana?

"Maya, sen de Nezih amcana ilet istersen konuşulanları. Onun da haberi olsun."

"Bu aralar bir garip kendisi. Hiçbir şeyle ilgilenmiyor, hiçbir şey umurunda değil gibi... Bulut gibi süzülüyor ortalıkta. Ama iletirim tabii."

"Siteyle ilgili haberler onun da canını çok sıkmıştır tabii..."

"Muhtemelen..."

"Ama tebessüm çiçeğinden bahsetmek yok tamam mı, anlaştığımız gibi."

"Olur Sinan Amca. Ama yine de onları çağırmadığımız için içim rahat etmiyor pek. Hep böyle bir gerginlik var ya site içerisinde, sanki ona da iyi gelir, herkes birlikte rahatlardı diye düşünmeden edemedim."

"Kızım pek tatlı düşünmüşsün de bu onlarla olacak iş değil. Anamızdan emdiğimizi burnumuzdan getirirler. İşitmediğimiz laf kalmaz. İkna da edemeyiz. Neyse, onun da zamanı gelir ama şimdilik biz bize böyle güzel."

Şimdilik her şey güzeldi zaten. Biz bize nefistik. Herhangi bir zorunluluğum olmadığı sürece buraya aittim. En başta Musa Bey olmak üzere, dünyanın geri kalanı siktir olup gidebilirdi.

25.

"Mert Bey, bence siz bir şaheser yarattınız! *Toz Duman* için Türk televizyon tarihinin en iyi dizilerinden biri diyebiliriz gönül rahatlığıyla! Sence de öyle değil mi Rana?"

Rana kocası Kemal'in abartılı cümlelerinden duyduğu utancı, içtiği çaya yüzünü gömerek saklama çabasındaydı. Ama tabii benden kaçmadı. Neyse ki idmanlı olduğum bir spor dalıydı pohpohlanmak. *Toz Duman*'ın insanlık tarihinde olduğu kadar televizyonculuk tarihinde de zerre kadar önem taşımadığına adamı ikna edebilirdim ama herkesin tadı kaçardı. Değmezdi buna. Masalarına hayatlarında ilk defa kendilerince önemli, meşhur addettikleri biri konuktu bu gece. Ömürlerinin geri kalanında anlatacakları bir geceydi bu onlar için. Bunu bozmanın alemi yoktu. Bu gece tanımadığım bu çifte bir armağanım olsundu.

Rana ve Kemal... Sitenin diğer tarafında ikamet eden kendi hâlinde bir çiftti. Yerli dizilere adanmış bir emeklilik hayatı sürmekteydiler. Dizinin kalitesi ya da hikâyesi umurlarında değildi, yeter ki binbir çeşit dram ekrandan evin salonuna aksındı. Ve ne hikmetse en sevdikleri dizi bir zamanlar yönetmenliğini yaptığım *Toz Duman*'dı.

"Mert Bey o kadar üzüldük ki diziyi bıraktığınızı duyduğumuzda. Olacak iş değil, bu dizi bir daha eskisi gibi olmaz dedik. Ama burada, aramızda olduğunuzu öğrenince bir o kadar da sevindik doğrusu. Değil mi Kemal?"

"Yalanımız yok Mert Bey. Diziyi izlemeye devam ediyoruz fakat eski tadı kaldı mı diye sorsanız yok! Nerde!" Eliyle havayı yoklar bir hareket yaptı.

Rana ve Kemal bir şekilde kim olduğumu öğrenince, bir süre çekingen davrandıktan sonra beni yemeğe davet etmeye karar vermişlerdi. Sinsice ve ustalıkla bir operasyon yürütmüş ve etrafımdaki çemberi giderek daraltmışlardı. Önce uzaklardan el salladılar. Sonra aynı saatlerde denize gider olduk. Sonra da aynı gün ve saatte çöpleri çıkartıyorduk. Sitenin çöp kutusu büyük ve tekti. Başkasıyla aynı anda çöp kutusuna yönelmeniz muhabbetten kaçamayacağınız anlamına geliyordu. Öyle de oldu. Üçüncü çöp atışımızda yemeğe davet edildim. Hem de sitenin diğer tarafına. Nedense insanları hasım gördüğüm tarafa. Farklı tarafların mensupları olsak da nihayetinde aynı sitenin insanlarıydık. Daveti geri çevirecek kadar kabalık edemezdim. Ama en azından bütün gecemi onlara verecek kadar da aklımı yitirmemiştim. Akşam yemeği tekliflerini öğle yemeğine çevirdim.

Önüme serilen yemeklere lafım yoktu. Lezizdi her şey. Zeytinyağlılar, hamur işleri, iyi demlenmiş çay... Sohbeti de idare edecektik artık. Ettim de. Biraz dizinin sahne arkasını, yıldız oyuncuların gerçek hayatta nasıl insanlar olduklarını anlattım.

"Ah!" dedi Rana Hanım "Komiser Turan'ın her sahnesine bayılıyorum. Adaleti tesis edişi, hani biraz kuralları bozarak da olsa... Bize öyle komiserler, polisler lazım Mert Bey."

Aslında komiser Turan yozlaşmış ve satılmış polisin tekiydi. Ama seyirciye bunu veremezdik tabii. Versek de muhtemelen kapının önüne koyarlardı bizi. Zaten kimsenin gerçekleri izlemek gibi bir derdi yoktu. Küflü bir pop hülyası içinde süzülmek istiyordu herkes.

Rana Hanım'ın da bana ısındıkça çenesi açılmış, hatırladığı sahneleri tuhaf mimikler ve el kol hareketleriyle canlandırmaya başlamıştı. Öğle yemeği faslını geçeli epey olmuştu. Artık yavaştan kalkmanın yollarını arıyordum ki Nezih'i gördüm. Hayalet gibi evler arasında dolanıyordu. Gökyüzüne bakıyor, bitkilerin yapraklarını inceliyor, ağır adımlar atıyordu. Duraksayıp bize baktı. Üçümüz birden el salladık. Elini kaldırdı. Ama havada asılı kaldı. Epey bir süre. Endişelenmeye başlamıştım ki önüne dönüp yoluna devam etti. Maya'nın dediklerini hatırladım. *Bulut gibi süzülüyor* demişti.

Fırsattan istifade iznimi istedim.

Övgüyle bahsettikleri *Toz Duman* sahnelerini anımsamaya çalışarak evin yolunu tuttum.

26.

Yeni hayatıma musallat olan bu gizem yumaklarını bir bir çözmek dadanılacak en iyi meşgale gibi geliyordu. Deniz, kum, güneş ve dinginlik o gün bana batmış olacak ki müze müdürü Şerif'in ifadesini almak üzere müzeye gittim. Öncelikle bu adamı ilk gördüğüm andan beri gözüm tutmamıştı. İkincisi, yıllar önce Kaptan'la husumeti adam öldürmek için birinci dereceden motivasyon teşkil ediyordu. Üçüncüsü, yavaştan *evim* saymaya başladığım Harabeler Sitesi'nin kaderi bu adamın ellerinde olabilirdi. Dolayısıyla Şerif Bey'e bir ziyaretin zamanı gelmişti.

Müze kent merkezindeki sahilin hemen arkasındaydı. Müdürün bir saat sonra döneceğini söyledikleri için sahildeki mekanlardan birine çöreklendim. Dünyanın bir yerlerinde roketler sanki bedenleri parçalamıyormuş gibi kumsalda hayat olağan devam ediyordu. Eylül ortasıydı ve hava çok sıcaktı. Turist sayısı azdı ama tatil yapanlar dışında herkes işinde gücündeydi. Sıcağa rağmen plajın arkasındaki banka çalışıyor, büfedeki adamlar uğraşıyor, hediyelik eşya tezgahındaki kadınlar çabalıyordu. Böylesine bir coğrafyada *siesta* neden yapılmıyordu ki? Aklıma aynı saatlerde evlerine çekilip keyif çatan başka Akdenizliler geldi.

Ama işte, dünya dönüyordu. Meksiko City'de Eduardo isimli bir barmen birilerine en güzelinden tekila dolduruyor, Los Angeles'te Kate isimli bir ressam yeni sergisinin son eserini heyecan ile tamamlıyordu. New York'ta Mike ve Jack isimli çift küçük ama pahalı dairelerinde şimdiden yılbaşı planları yapıyor, Reykjavik'de Gunnar, Sverir, Gyda ve Helga öğle yemeğinde buluşmuş, ülkede az sayıdaki mülteciden nasıl tiksindiklerini konuşuyorlardı.

Vagadugu'da Ayano isimli bir kadın pazarda kazandığı paraları sayıp hayalindeki geleceğe ne mesafede olduğunun hesabını yapıyor, Mariupol'de adı henüz konmamış bir bebek hastane yıkıntılarının altında son nefesini veriyordu. Halkidiki'de emekli Profesör Yorgos yazlık evini Airbnb'ye koyup koymama kararını vermeye çalışırken, Mumbay'da Bhavna isimli genç kız odasının duvarına Bollywood yakışıklısı Hrithik Roshan'ın posterini asıyordu.

Ulaanbaatar'da Ulunike isimli ergen okuldan eve dönerken kulaklıktan Kanye'nin son albümünü dinleyerek Amerika hayalleri kurarken, Pekin'de Ken Shuo isimli sonradan görme bir trilyoner piyasaların açılmasını bekliyordu. Tibet'te Jamyang isimli rahip 6.500 metre yükseklikteki tapınağında dünya barışı için dua ederken, Okinava'da Aiko isimli bilgisayar mühendisi kadın kocasına aslında onu sevmediğini söylemek üzereydi.

Bense global krizi ve yaz sonunu fırsat bilip ucuza tatil kapatan az sayıdaki turistin sahilde takılmalarını izliyordum. Çocuğuna yüzme öğreteninden kelebek yüzenine, güneşin alnında öğlen birası yudumlayanından gölgede okey oynayanına kendi hâlinde insanlarla çevriliydi etrafım. İçine karışmayı, fark etmeden bir parçası hâline gelmeyi arzuladığım bir manzaraydı bu. Madem arzuladığım "o" yönetmen olmayacaktım o zaman kendi hâlimde olabilmek istiyordum. Maya'nın o gece duygularla ilgili söylediklerini hatırladım ve içime yine bir huzursuzluk çöktü. Maya neden duygularımı sorgulatmıştı bana? Gelişigüzel bir muhabbet miydi, yoksa benimle oyun mu oynuyordu? Ama tadımı kaçıran

Maya'nın niyeti değil sorduğu soruydu. Duygularımla konuşup hislerimi anlamlandırabiliyor muydum? Beni buralara kadar sürükleyen şey gerçek kendimle kurduğum mesafe miydi? Tüm bunlar bana fazla geldi ve çayımı ödeyip müzeye geri gittim.

Şerif odasındaydı, kapıyı tıklayıp içeri girdim. Şerif'i sorguya çekecektim. O sohbet ettiğimizi zannedecek ama ben onu sorgulayacaktım. Sorularımı hızlı ve duygusuz soracak, bazı soruları birkaç dakika sonra pat diye tekrarlayacaktım. Gözlerimi gözlerinden ayırmayacak, iplerin kimin elinde olduğunu hep hatırlatacaktım. Sağlı sollu gelen sorularım karşısında kıdemli memurluğunu unutacak, sorgulanmanın verdiği şaşkınlıkla açık verecekti. Ta ki adının önündeki *müdür* sıfatını hatırlayana dek. İşte o kimliğini unuttuğu anlarda çıkarabildiğim kadarını çıkaracaktım adamdan. Komiser Turan böyle yapardı. Komiser Turan'ı özlemiştim.

"Selamün Aleyküm,"

"Merhaba"

"Nasıl yardımcı olabilirim size?"

"Beni hatırlamadınız sanırım? Geçenlerde Harabeler Sitesi sakinlerine benim aracılığımla bir mesaj göndermiştiniz."

"Ah tabii. İsminiz neydi?"

"Mert."

"Mert Bey, ne içersiniz? Çay? Kahve?"

"Bir şey içmem teşekkürler. İşim uzun değil zaten."

"Buyrun..."

"Tarihi eserlere ne kadar önem veriyorsunuz?"

"O nasıl soru Mert Bey?"

"Gayet açık bir soru Şerif Bey. Tarihi eserlere ne kadar önem veriyorsunuz?"

"Bakanlığın..."

"Devleti geçiniz Şerif Bey ben sizin için soruyorum. Şerif Bey için tarihi eserler ne derece önemli?"

"Mert Bey, tarih bizim namusumuz. Onları korumak bizim halkımıza bir borcumuz. Halkımız bize emanet etmiş onları sonuçta. Ömrümüzü verdik bu göreve."

"Bir kere halkın umurunda falan değil Şerif Bey. Ama sizin umurunuzda mı ona bakalım biz."

Yüzüne şaşkın bir ifade yerleştirmeyi başarmıştım.

"Harabeler Sitesi sınırları içerisinde yer alan tarihi kalıntılardan haberdarsınız değil mi?"

"Evet."

"Harabeler Sitesi sınırları içerisinde yer alan kalıntıların, arkeologların da bildirdiği görüşe göre, bu şekilde muhafaza ediliyor olmaları korunmaları açısından iyi bir şey. Buna katılıyor musunuz?"

"Katılabilirim sanırım. Sonuçta vandallardan korunmuş oluyorlar."

"O zaman tarihi kalıntılara zarar verecek bu projeye neden destek oldunuz?"

"Hangi projeye?"

"Sitenin, dolayısıyla kalıntıların da yok olmasına sebep verecek dev su projesine."

"Neden bahsettiğinizi anlamadım?"

"Kaptan'ı hiçbir zaman sevmezdiniz değil mi?"

"Hangi kaptan?"

"Harabeler Sitesi'nde yaşayan, 1994 yazında bir sabah ortalıktan kaybolan ve cesedi asla bulunamayan Ahmet Kaptan'dan bahsediyorum."

"Tanırdım kendisini ama..."

"Fazla dolandırmayayım lafı. Aynı yaz kendisiyle bir husumet yaşadığınızı inkâr edemezsiniz sanırım?"

Şerif ne diyeceğini bilemez bir hâlde gevelemeye başladı. Direksiyonu kırmanın tam zamanıydı.

"Sitedeki kalıntılara zarar vereceğini bildiğiniz bu projeye neden destek oldunuz?"

"Size proje hakkında bilgi veremem!"

"O zaman bir proje var gerçekten de."

"Dediğim gibi..."

Lafını kesip soruyu derinleştirdim.

"Projede sizin rolünüz nedir?"

"Ben sadece projeye uygun bir alan gösterdim."

Müdür kolay dökülüyordu.

"Yıllar öncesinin intikamını almak için, nefret ettiğiniz Harabeler Sitesi'ni yıktırmak değil miydi amacınız? Masum insanları evlerinden edecek olmanız, tarihi eserlerin zarar görecek olması, ülkenin cennet bir köşesinin dev bir proje için heba edilecek olması hiç mi umurunuzda olmadı?"

"Bir kere o sitenin yeri yasal bile değil!"

"O zaman site alanını bizzat kendi intikamınızı almak, yıllar önce yediğiniz dayağın hıncını çıkarmak için seçtiğinizi kabul ediyorsunuz?"

"Bakın Mert Bey..."

"Bakın Şerif Bey, devlet işlerine kişisel meseleleri karıştırmak hiç hoş değil. Hatta suç bile diyebiliriz."

"O site yıllardır hukuksuz bir şekilde orada! Masum falan demeyin! O insanlar hak etmedikleri, devletten gasp edilmiş bir arazinin üstünde yıllardır keyif çatıyorlar. Ahmet Kaptan da biliyordu bunu. O olmasa yıllar önce kapanmıştı bu konu!"

"Ahmet Kaptan'ın kaybolduğu sabah, yani tam olarak 23 Ağustos 1994 sabahında, neredeydiniz?"

"Mert Bey, kendinize gelin. Karşınızda kıdemli bir devlet memuru var. Haddinizi bilin, sorularım var dediniz yardımcı olduk, şimdi lütfen makamımı terk edin!"

Konu Kaptan'a gelince kendine gelmişti Şerif. Kabul etmem gerekir ki son sorum biraz amatörceydi. Zaten aslında Şerif'te de birini öldürecek tip yoktu.

O esnada masanın üstündeki projeyi fark ettim. Proje mahali, Harabeler Sitesi'ydi. Hızlı bir bakışla sitenin tamamının değil yarısının üzerine su deposu inşa edileceğini gördüm. Çizimde sitenin bizim tarafı projeye peşkeş çekiliyordu. Müdür söylenirken çaktırmadan göz gezdirmeye devam ettim. Projenin başlığında Nezih'in adı yazıyordu.

27.

"Nükleer savaş falan çıkacağı yok, Mert sen de İstanbul'a dönüp filmini çekeceksin. Hiç dert etme sen. Bak buraya yazıyorum!"

Akdeniz'de gün yeni batıyordu ve Füsun'un kafası güzeldi. Mağaracı kardeşler Tarık ve İzzet'in morallerini toparlamak için yine Caretta Bar'da buluşmuştuk. Mağaraya dadanan karanlık tipler en son arabalarını ateşe vermiş, işin rengi iyice değişmişti. Sitenin hemen girişindeki son model Peugeot SUV'ları cayır cayır yanmış neyse ki başka kimsenin canına ya da malına zarar gelmemişti. Karanlık adamlar mağaradaki yarasa gübresini almaya belli ki ant içmiş, gözlerini karartmışlardı. Jandarma ellerinde hiçbir kanıt olmadığı için hadiseyi *kaza* diye raporlamış, kardeşlerin keyfini iyice kaçırmıştı. Site sakinlerinin çoğunluğu ise kardeşlerin siteden taşınması gerektiğini düşünüyordu. Bunu sözlü beyan etmelerine gerek yoktu. Kapalı kapılar ardında konuşulanlar yüzlerden okunuyor, tavırlardan anlaşılıyordu. Hâl böyle olunca bir dayanışma göstermek elzemdi.

Buluşmamızın bir diğer sebebiyse senaryomu kutlamaktı. Füsun'un dediği üzere, hayatımızı toptan değiştirecek ve beni zorunlu da olsa buraya mıhlayacak üçüncü dünya savaşının çıkacağı, kıyametin kopacağı yoktu belli ki. Geçen haftalarda dünyayı meşgul eden senaryolar yavaş yavaş gündemden düşmeye başlamıştı. Egemen devletler yine masa başında,

"Barış Görüşmeleri" adı altında birbirlerinden koparabildiklerini koparmış, ölenler öldükleriyle kalmıştı. Sosyal medyada cirit atıp savaş çığırtkanlığı yapan, başında sonunda WW3 eklemeli hesaplar da sessizliğe bürünmüştü. Kolektif zihinlerimizde yarattığımız, belki de içten içe cazibesine kapıldığımız bir şeydi dünya savaşı denen şey.

Az sonra güneyin uzun mevsimi yaz bitecek buralar iyice ıssızlaşacaktı. Benim de bir şekilde yenilgiyi kabullenip tıpış tıpış İstanbul'a, hatta Musa Bey'in kucağına dönmem gerekecekti. Her geçen gün bu gerçeğe doğru takvimden gün alıyordum. Buradaki insanları ise muhtemelen bir daha görmeyecektim. Adeta paralel bir evrende kendim için yaratmışım gibi duran bu arkadaş grubunu, bu *arındırılmış gerçekliği* bir daha aynı kıvam ve lezzette bulamayacaktım.

Dediğim gibi senaryomu kutluyorduk. Hiç yazmadığım, yazmadığım için tamamlamadığım senaryomu. Birkaç gün önce Füsun sorduğunda ağzımdan çıkıvermişti. *Bitirdim ben onu Füsun* deyivermiştim. Bu cümlem aslında herkes için yazın sonu demekti. Senaryo bittiğine göre ben İstanbul'a dönecektim. Maya Ankara'ya üniversitesine dönecekti. Füsun mekânı kış için kapatıp bir İstanbul ziyareti yapacaktı. Mağaracı kardeşler birkaç kilometre ötede, kent merkezindeki dairelerine geçeceklerdi. Bir tek Sinan sitenin bizim tarafındaki çakılı hayatını sürdürecek, Nihal ve ekibi de alanda kazı çalışmalarına devam edecekti.

Deniz'in beni arayıp sorduğu, evlerinde ne kadar kalmayı planladığımı falan merak ettiği yoktu. Ben onun hayatının bir köşesine, anılarına nüfuz ederken, oralarda kendime yer hakkı edinirken onun umurunda bile değildi. Vakit yaklaşıyordu. Yazın çoktan bittiği diyara dönmem icap ediyordu. Ama emanetin verdiği sorumluluk ya da zihin jimnastiği... Gitmeden çözmem gereken şeyler vardı.

Öncelikle Harabeler Sitesi yok oluşun eşiğindeydi. Şerif'in makamına yaptığım ziyaretten edindiğim bilgiye göre su projesi gerçekti ve çok yakın bir zamanda devlet bu evlere çökecek, maliklerin ceplerine üç, beş kuruş koyup gönderecekti. Ki istese bunu bile yapmayabilir, tozlu raflardan çıkaracağı eski dosyalarla buranın usulsüzlüğünü kanıtlayıp dımdızlak kapı önüne de koyabilirdi herkesi. Bu da yetmiyormuş gibi, anladığım kadarıyla, sinsi Nezih su projesine sitenin yarısını vermeyi öngören bir proje taslağı hazırlamış ve makamlara iletmişti bile. Nezih sitenin kendi yakasını kurtarıp, zaten hiç hazzetmediği diğer yakayı ateşe atma konusunda tereddüt etmemişti. Bu bilgiyi ise henüz, tam emin olmadığımdan kimseyle paylaşmamıştım.

İkinci konu tebessüm çiçeğiydi. Çiçek kendi çapında küçük bir mucize gibiydi. Sinan'ı dünya barışını sağlayacak yegâne çözümün bu gizemli ve endemik bitki olduğuna ikna etmiştim. Planı da şuydu; formülünü kusursuz kıvama getirdikten sonra gereken mercilerle konuşacak ve yıllarca kendine sakladığı bu sırrı dünya ile paylaşacaktı. Kimsenin Cola, Fanta hatta kahve ya da çay içmediği, herkesin sadece tebessüm çiçeği içtiği bir geleceğin hayalini kuruyordu. Ama bence bu masum çiçeğe dair daha fazlası vardı. Evin rafındaki heykelin elinde de müzenin avlusunu süsleyen mozaikte de bu çiçek betimlenmişti. Nihal'in dediğine göre bir zamanlar antik kenti dolduran insanlar iz bırakmadan kaybolup gitmişlerdi. Alın size içini istediğiniz kadar olasılıkla doldurabileceğiniz koca bir soru işareti!

Üçüncü konu, dostum Deniz'in babası Ahmet Kaptan'ın ölümüydü. Her ne kadar üzerinden neredeyse otuz sene geçmişse de adamın ortadan iz bırakmadan kayboluşu hâlâ kanımı donduruyordu. Adamın İstanbul'da içi boş bir mezarı vardı. Oldum olası bu senaryoyu aklım almıyordu. Kabul edemiyordum bir sabah yüzmeye diye evden çıkan birinin bir daha dönmemesini. Burada geçirdiğim günler, duyduklarım Kaptan'ın hikâyesinin ardında basit bir kaybolma meselesinden fazlasının yattığını düşündürtüyordu ve ister istemez huysuz zihnim beni Nergis Teyze'nin günlüğüne itiyordu. Buradaki zamanıma eşlik etmesini sevdiğim günceyi bitirmemiştim henüz. Günlükte Kaptan'ın kaybolduğu güne yaklaştıkça değişen dil tüylerimi ürpertiyor, netameli bir konunun kapısını aralayacakmışım gibi hissediyordum. Saykodelik olduğu kadar karanlık ve şiddet emaresi gösteren bölümler en eski dostumun annesiyle ilgili kan dondurucu imgeler gönderiyordu zihnime. Kimdi bu kadın aslında? Neler yaşamıştı? Ve o günlük neden iki su deposunun arasına gizlenmişti?

Dördüncü konu ise Maya'ydı. Ona dair kafamdaki tüm reklam kampanyalarına son vermiştim. Utanç ve şaşkınlık yavaş yavaş bedenimi terk etse de bunun yegâne sebebi Maya'nın olay sonrasında bana karşı sıcak davranışlarıydı. Yoksa yeni ve başka bir oyunun içine mi çekiliyordum? Neden ağlamamı istemişti? Tüm bunları çözmeden İstanbul'a dönmek konusunda tereddütlerim vardı. Ama zamanım daralmıştı.

"Bu işi silahlar çözecek abi! Devlet de devlet diye tutturdun onca zaman, başımıza gelmeyen kalmadı. Ya biz öleceğiz ya onlar!" Tarık yine içkiyle birlikte coşkun sular gibi gürlüyordu. "Ben arkadaşları arıyorum. Kapsınlar silahları, girelim adamların inlerine!"

"Mert," dedi Füsun o sırada kulağıma eğilip "Gel ortak yapalım seni Caretta'ya. Kapatmam gereken bazı borçlarım var, nakde sıkıştım, yoksa hayatta teklif etmem. Bakma sen, iyi getirisi var yazın buranın. Hem buralara gelmeye sebebin olur. Ne dersin?"

"Düşüneyim, bakarız..." dedim.

"Nezih enişten nasıl?" diye seslendim Maya'ya. Tarık ve İzzet kapışmalarına devam ederken şimdi Füsun da katılmıştı onlara.

"Aynı... Bir garip hâlâ. Teyzemi de gönderdi Ankara'ya. Evde sürekli bir şeylerle uğraşıyor. Ama aklı yerinde değil gibi. Sesleniyorum cevap vermiyor. Önüne yemek koyuyorum yemiyor. Ama hasta desen hasta değil. Sürekli bir şeyler düşünüyor gibi. Bir şeyler çiziyo, yazıyo... Anlamadım gitti. Bazen kendi kendine mırıldanırken görüyorum. Bazen de normal, her zamanki gibi. Teyzeme de haber vermedim. Telaşlanmasın diye. Zaten gidiyorum birkaç güne ben de. Ne hâli varsa görsün. Sıkıldım buradan. Yeter. *Basta!*"

"Ne yazıp çizdiğini gördün mü peki?"

"Yok ilgilenmiyorum kendisiyle pek. Zaten teyzem olmasa hayatta gelmezdim. Adamla baş başa kaldım. Sinirim acayip bozuk. Bizimkiler otobüs bileti alsın diye bekliyorum."

Yüzümde muhtemelen *Bizim konuyu çözmeden mi gideceksin* ifadesi vardı. Maya'nın da ifadesi değişti bir anlığına.

"Neyse," dedim. "Ben bir uğrarım size. Ben de bakayım nasılmış Nezih Bey, merak ettim."

"Oscar'ı alır mı filmin abi sen asıl onu söyle!" diye bağırdı Tarık.

"Neden olmasın?" dedim "Sonuçta ihtimaller dahilinde." Hâlbuki ihtimale dair hiçbir şey yoktu elimde. O sırada telefonum çaldı, arayan Musa Bey'di, açtım. Lafı dolandırmadan sete dönmem için kaç para istediğimi sordu. Sesi sakindi. Sanki yanıtımın ne olacağını bilir bir hâli vardı. Aynen şöyle dedi: *Kaça çözeriz bu işi koçum?*

"Eskisinin iki katı," dedim.

"Hay hay," dedi.

28.

Ertesi gün Nezih'in yanına uğramaya karar verdim. Hem tuhaf ruh hâlini merak ediyor hem de siteyle ilgili hain planlarını yüzüne çarpmak istiyordum. Nezih'i ziyaret etmek için Maya'nın denize gittiği bir anı bekledim. Sonra da evine gittim.

Dostane bir ses tonu takınarak kapının eşiğinden *selam* diye seslendim. Hemen ürkütmek istemiyordum hasmımı. Yanıt gelmedi. Tekrar seslendim, yine sessizlik. Sinekliğin arkasındaki kapı açıktı. Elimi gözlerime siper edip sinekliğin ardından evin içine baktım. Yoğun bir zift kokusu geliyordu burnuma. Sinekliği açıp içeri girdim. Ocakta fokurdayan bir şeyler vardı. Adını seslendim, yine yanıt yoktu.

Birkaç adım sonra Nezih'i gördüm. Salonun ortasında çömelmiş öylecene hasır halıya bakıyor, eliyle de biçimsiz hareketler yapıyordu. Sanki halıya görünmez motifler çiziyor gibiydi. İçim ürperdi. Masanın üzerine Şerif'in odasındaki projenin aynısı serilmişti. Fırsattan istifade hızla göz gezdirdim. Gerçekten de sitenin bizim evlerin olduğu tarafı proje alanı olarak çizilmişti. İçimden bir küfür sallayıp, Nezih'e iyice yaklaştım ve *iyi misin?* diye sordum. Nihayet beni fark ettiğinde hiç şaşırmadan yüzüme baktı ve ayağa kalktı. Bir süre gözümün içlerine doğru dikti bakışlarını. Rahatsız ediciydi. Sonra da hafifçe gülümseyip *hoş geldin* dedi.

Tekrar iyi olup olmadığını sordum.

"İyiyim, iyi. Bu hasır halılar çok boş. Deseni yok, rengi yok... Ona bakıyordum. Kafamda çiziyordum, deseni olsa neye benzerdi diye. Şöyle çiçekli çiçekli ne güzel giderdi salona diyordum."

Bir hasır halıya bir de Nezih'e baktım. O da bana bakıyor gibiydi ama sanki şeffafmışım da içimden arkamdaki duvara bakıyordu. Muhabbeti değiştirmek için ne kaynattığını sordum. Eve gerçekten ağır bir koku sinmişti.

"Eee..." dedi iyice uzatarak "Sitedeki tek bitkici, rakısını kendi yapan tek kişi Sinan değil herhalde."

Bunu demesiyle birlikte önce masadaki çizimleri hızlıca katladı, sonra da aceleyle ocağa yönelip büyük tencerenin altındaki harlı ateşi söndürüp kapağı örttü.

"Sen niye gelmiştin?"

"Bir iki güne dönüyorum İstanbul'a. Senaryomu da bitirdiğime göre... E yaz da biter yakında. Sonbahar geliyor."

"Buralarda yaz ha desen hiç bitmez, aralık ayında bile denize giriyoruz biz burada."

"Olsun, ben döneyim artık yavaştan inime. Çok sevdim buraları ama bu kadarı da kâfi. Müzeye uğradım geçen..." dedim yavaştan konuya girmek üzere.

"Niye gittin yine müzeye? Çok mu sevdin?"

"Şerif'le sohbet ettik biraz"

"Öyle mi?"

"Öyle valla. İlginç konulardan bahsettik."

"Ne gibi?"

"Harabeler Sitesi mesela ya da şu su projesi gibi konular."

"Eee, ne diyor?"

Bunu söylerken yüzüne tuhaf bir gülümse yerleşti. Tekinsiz, hafif delilere özgü bir gülümseme.

"Ne diyecek, siteyi yerle bir edecekler diyor. Bu arada..." Giderek deli deli bakan gözleriyle daha fazla temas kurmak istemediğim için ellerimi arkada kavuşturup, evin içinde turlayarak konuşmaya devam ettim. "Şerif'e sunduğun plan da gözümden kaçmadı. Masandaki planın aynısından Şerif'in masasında da vardı."

"Neymiş o plan? Bana da anlatsana! Hadi! Hadi!"

Küçük bir çocuk gibi konuşmaya başlamıştı şimdi.

"Sen gayet iyi biliyorsun o planı. Hiç utanmadın mı sitenin yarısını projeye verip kendi evini kurtarmaya çalışmaktan? Hem bunu kabul edeceklerini nasıl düşündün?"

Cümlemi bitirmemle bir eliyle ağzını, diğeriyle midesini tutarak kıs kıs gülmeye başladı. İçimden bir ses acilen evden çıkmamı söylüyordu. Her şey fazla garipti. Sonra bir anda ciddileşti. Bildiğim, tanıdığım Nezih'e geri geldi. Rahatlamaya çalışır gibi derin bir nefes alıp verdi.

"Sana ne ki bu siteden yönetmen efendi. Hem sen İstanbul'a, o görkemli hayatına dönmüyor musun zaten? Sen mi kurtaracaksın buraları? Sinan sana mı güvendi yoksa? Ne forsun var ki senin burada. İstanbul züppesi seni."

"Yavaş ol Nezih Efendi, nezaketi elden bırakmayalım. Bak şimdi, ben seni Sinanlara ihbar etmeden sen hem bu projeyi yırtıp atacaksın hem de tüm projenin iptali için elinden geleni yapacaksın. Tamam mı? Yok öyle kafana göre hareket etmek, tanıdığın insanları satmak." Tehditlerime daha fazla devam edemedim çünkü Nezih giderek garipleşiyordu. Adama bir şey anlatmanın faydası yok gibiydi. Çöken ani sessizlikte dişlerinin gıcırtısını duyabiliyordum. Gergin dudaklarının arkasındaki dişler sağ sola hareket ederken gözleri avını arayan bir kaplan gibi salonu tarıyordu. Tonum değişti, ona yardım etmem gerektiğini hissettim. "Nezih, iyi misin?" Ona doğru bir iki adım atıp elimi uzatınca yine kendine geldi.

"Çık evimden! Hadi! Defol! Hadsiz seni! Bir de iyi misin diye soruyor, tipe bak! Hadi çık dışarı!"

Beni kovmasına gerek yoktu, zaten arkama bakmadan çıkacaktım o evden. Öyle de yaptım. Nezih'in planını artık biliyordum. Şerif üzerinden yetkililere ulaşıp bir orta yol bulmaya çalışacak ve mümkünse sitenin kendi yakasını kurtaracak, hem de sitenin hiç hazzetmediği sakinlerinden de kurtulmuş olacaktı. Ama her şeyden öte Maya için endişelenmiştim. Adamın ruh hâli gerçekten hiç hayra alamet değildi.

Evden çıkmamla birlikte beni bekçi Bekir karşıladı. Sessizce bana bakıyordu. "Hocam, sen sokma burnunu bu işlere," dedi bana. "Bunlar seni aşar. Ufak kasaba işleri bunlar. Anlamazsın sen. Büyük işlerin adamısın sen. Yorma kendini."

Bu bir tehdit miydi? Sonra palmiye budamak üzere ağır adımlarla yoluna devam etti. Bekir de bu sitenin sakiniydi ve evi Nezih'in iki arka blokundaydı. Ailesiyle yıl boyu burada yaşıyordu, sitenin yıkılmasından en çok zarar görecek kişi oydu. Sonuçta burası onun hem evi hem de ekmek teknesiydi.

Adımlarımı sıklaştırarak evime, pardon, Nergis Teyze'nin evine doğru yürüdüm. Sitenin çoğu artık boştu. Yazlıkçılar şehirlerine dönmüş, geriye sadece yazın ekime ve kasıma sarkan o büyülü zamanının müptelaları kalmıştı. Nezih'in garip hâli ise en basit tabirle endişe vericiydi.

29.

İstanbul'a dönmeden evvel son bir kez denizin tadını çıkarmak üzere sahile indim. Deniz beni uğurluyormuşçasına en güzel hâlindeydi. Özenle serilmiş saten kumaş gibi dümdüzdü.

Evde bulduğum şnorkelle denizin dibini seyre daldım bir süre. Ufak balık sürülerini levrekler kovalıyor, adını sanını bilmediğim başka deniz canlılarıysa bu uçsuz bucaksız su evreninde fink atıyordu. Sinan ve Füsun'un bahsettiği balon balıkları ise mavi sessizliğin içinde bir yerlerde buraları ele geçirmek için planlar yapıyordu. Çakıllarla başlayan zemin birkaç metre sonra kuma dönüşüyor ve göz alabildiğince uzanıyordu.

Nergis'in günlüğüne yazdıklarını hatırladım.

"*Etrafımı saran bu muazzam boşluk rahatsız etmiyor, azıcık ışık kâfi. Dertler, adresler, isimler yok burada. Daha ne isteyebilirim? Buradan çıkmamak isteyebilirim! Bedenim, fiziğim buna izin verse itirazım olmaz. Süzülmeye devam ediyorum.*"

Böyle anlatıyordu yüzmeye karşı sevgisini. Ne de güzel satırlardı. Derinlerde kendini kaybetme isteği. Her şeyden uzaklaşmak ve kaybolmak için biçilmiş kaftan bir ortam. Aradığı sessizliği bulduğu, inkâr etme ya da görmezden gelme eylemlerine başvurmak zorunda kalmadığı yer burasıydı. Burası aynı zamanda evinin salonunda duran heykeli bulduğu, binbir güçlükle de kıyıya çıkardığı yerdi.

Nergis günlükte heykeli bulduğu gün yanında kocası Ahmet'in, yani Kaptan'ın olduğunu yazmıştı. Sinan ise elektriklerin kesildiği o akşam eve gelip heykeli gördüğünde heykel olayının yegâne tanığı gibi konuşmuştu. Onun anlattıkları Nergis'in yazdıklarıyla birebir uyumluydu. İsimler hariç.

Bir de Sinan'ın beni götürdüğü yer vardı. Antik kentin tepesinde, uçurumun kenarındaki düzlük, tebessüm çiçeğini topladığı yer. Sinan orayı Nergis'le bulduklarını söylemişti. Nergis ise günlüğünde Ahmet'le birlikte bulduklarını yazmıştı. Kimler biliyordu çiçeği? Kim doğruyu söylüyordu? Belki de günlükte daha da fazlası vardı?

O an günlüğün devamını okumaya karar verdim. Nergis'in günlüğü tam olarak neleri anlatıyor ya da anlatmıyordu? Tebessüm çiçeği, antik kent, Kaptan'ın gizemli ölümü ve Sinan... Hepsi bir araya geliyor muydu? Hepsi bir arada bir şey ifade ediyor muydu? Giderayak çözmem gereken bir gizem, dostum Deniz'e iletmem gereken bir gerçek varsa bu boynumun borcuydu. Bir noktada utandığım için bıraktığım günlüğün devamını okumak için gereken gerekçeyi bulmuş, kendimi aklamıştım.

Sudan çıktım, kurulandım. Son kez uçsuz bucaksız sahile ve Akdeniz'e baktım. İstanbul, kürkçü dükkanım beni bekliyordu. *Güvenli* diye düşündüm en azından. Burası da güvenliydi, hatta belki de fazlasıyla ama benim değildi. Bir süre değişebileceğime, yeni bir ben olabileceğime kendimi ikna etmiştim fakat günün sonunda nereye gidersem gideyim kendimi de yanımda götürüyordum. Kendim bir gölge gibi beni takip ediyordu. İstanbul'daki, setlerdeki hâlimden usanmanın, ondan kaçmanın bir faydası yoktu bana. Tam tersi onu özümseyerek bağrıma basmam gerekiyordu. Belki Musa Bey'le biraz daha pazarlık eder, canımı sıkan konuları iyice tıraşlar istediğim kıvama getirirdim seti. En mantıklısı buydu. Yaratmaya, ardından ulaşmaya çalıştığım hayalimi eski düzenimin içine zerk edip bu arayış derdinden kurtulabilirdim.

Akşam komşumun bahçesinde, her zamanki yerinde bir araya gelecektik. Sinan benim için bir veda yemeği hazırlıyordu. Nihal'i de davet etmek üzere kazı bölgesine yürüdüm.

Yolda Deniz'i aradım. "Yarın geliyorum," dedim. Diziye geri döneceğimi de ilk ona söyledim. "İyi fikir," demekle yetindi. Belki de en baştan biliyordu zaten filmi yazamayacağımı. Belki de ihtiyaç duyduğum şeyin rüştümü ispat etmek değil, bir süre İstanbul'dan uzaklaşmaktan ibaret olduğunu anlayacak kadar iyi tanıyordu beni. Yüz seksen derece çark edip, aslında *Toz Duman*'ın yönetmeni olmanın havalı bir şey olduğunu hem kendime hem çevreme yutturabilirdim. Ne su projesinden ne de Maya'dan bahsettim ona. Bende kalsın istedim tüm bunlar. Birkaç güne buluşmak üzere anlaştık ve kapattım.

Antik kentin içinden son kez geçiyordum. Füsun'un barı Caretta görüş mesafemde, akşamı bekliyordu. Az ilerisindeki yamacın tepesindeyse Sinan'la tebessüm çiçeğini topladığımız yer vardı. Buraları gezmek için onca yol tepmiş, az sayıda turist bezgin bezgin yanımdan geçiyordu. Yol kenarlarındaki meyve vermiş kaparilerden bihaberdi hepsi.

Nihal'i gölgeliğin altında limonata içerken buldum. Davetimi zevkle kabul etti. Bir yudum aldı, sonra da *gel benle* dedi. Fazla laflamadan taşlık arazide bayır yukarı yürüdük bir süre. Eski mezarların ve harabelerin arasından ilerledik. Nihal'e yetişmekte zorlanıyordum. Araziyi avucunun içi gibi biliyor, nereye bastığına bakmadan ilerliyordu. Bacağına batacak ya da onu sokacak potansiyel bitki veya böceklerden zerre tırsmıyordu. İmrendim.

Sırtını kaya yamaca vermiş mezar evlerden birinin önünde durdu. Tonoz biçimli yapının girişi, içerisi görülmesin diye bezden bir çitle çevrilmişti. Çitin yanından boşluktan geçip içeri girdi. "Gel," dedi "Korkma". İçerisi karanlık, serin ve rutubetliydi. Geçen yüzyıllar adeta içeri hapsedilmişti ve bunu iliklerinize kadar hissedebiliyordunuz. Tekin bir his değildi. "Burası ne?" diye sorabildim.

"Burası antik bir mezar. Çok iyi durumdaki nadir mezar evlerden biri. Az içeri gel, korkma yahu," dedi gülümseyerek. İnsana güven veren bir yüzü vardı. Kemerinin arkasına asılı ışıldağı eline alıp yaktı ve içerisi aydınlandı. Nihal'in *iyi durumda* dediğine bakmayın. Yerler toz toprak, duvarlar detaysız ve rutubetliydi. Kimi yerler yosun kaplamış, tavandansa sarkıtlar iniyordu.

"Bak," dedi tavanı aydınlatarak. "Bunları geçen aylarda çıkardık ortaya."

Duvarları süsleyen belli belirsiz motifleri ve çizimleri gösterdi. Girift motiflere kimi portreler eşlik ediyordu. Bebek yüzlü ve melek kanatlı bir adam vardı. Onun az yanında da aziz gibi gözüken başka biri betimlenmişti. "Kim bu insanlar?" diye sordum. "Ya toplumsal statüsünü işaret etmek ya da kiliseye yaranmak için yapılan standart duvar resimleri bunlar. Daha eski mezarlara bakarsak antik Yunan tanrılarını görürdün. Aslında bir şey değişmiyor, insanlar her daim bir kudrete yaranmaya çalışıyorlar. Neyse, gel asıl sana neyi göstereceğim."

Odanın köşesinde duvardaki bir deliğe yöneldi. Çömeldi ve bir köpeğin geçebileceği büyüklükteki delikten emekleyerek içeri girdi. Onu takip ettim. Öte tarafa geçtiğimde daha da küçük bir odanın ortasında duruyordu.

"Burasını yeni bulduk," dedi. Fenerle kendi yüzünü aydınlatıyordu. "Oda kayalara oyulmuş, o yüzden dışardan kendini göstermiyor. Ama seni buraya bu odaya bak diye getirmedim. Bizi asıl şaşırtan işte şu duvar resmi."

Arkasını dönüp ışıldağı duvara tuttu. Duvarda detaylı ve kocaman bir tebessüm çiçeği vardı. Daha birkaç gün önce çizilmişçesine canlı ve taze gözüküyordu. Beyaz noktalar, turuncu rengi ve orta yerindeki mavi tohumlar kusursuz resmedilmişti. Kısa ve kalın sapı ve kökleri de... Her şey güzeldi ama köklerde bir tuhaflık vardı. Köklerin bittiği yerlerde kuru kafalar çizilmişti. İçim titredi ve midem kasıldı. Resmin altındaysa *Mors Venit* yazıyordu.

Hiçbir şey diyemedim. Düşünceler kafamda akıyor ama hiçbir yere varmıyordu.

"Bunu görmek istersin diye düşündüm ben de! O gece Sinan çiçekten ikram ettikten ve sen merak ettiklerini sorduktan sonra antik kent ve çiçeğin olası bağlantısı aklımdan çıkmadı. Müzeye de gittim. Mozaiği de gördüm. Pek bir şey ifade etmemişlerdi açıkçası ama bunu görünce benim de aklımda türlü sorular dönmeye başladı Mert. Yanıtını da muhtemelen asla bulamayacağım sorular. Ama Sinan bize her ne içirdiyse, adım gibi eminim hayra alamet değil."

"*Mors Venit* ne demek Nihal?"

Resme iyice yakınlaştı ve duvarda parmaklarını gezdirdi. Tozunu alıyor gibiydi. "*Ölüm geliyor* demek".

30.

İstanbul dönüşü için bavulumu hazırladım ve birkaç telefon görüşmesi yaptım. İstanbul'daki işleri düzenlemeye başlamıştım artık. Dizinin teknik ekibiyle ve oyuncularla bir tur konuştum. Herkes mutluydu. Dünyada olup bitenlerle ihtimaller kimsenin umurunda değildi. Herkesin yegâne arzusu yarattığımız o güvenli evrende süzülüp akmaktı. Ben de onlarla süzülmeye devam edecektim. Rüzgârda uçuşan karahindiba taneleri gibi.

Sonra günlüğü koyduğum yerden çıkardım ve kanepeye uzandım. Nihal'in gösterdiği duvar resmi, gizemler zincirine bir yenisini eklemişti. Haftalarca içtiğimiz tebessüm çiçeğinin hiçbir tuhaf yan etkisini görmemiştik. Fakat yine de adını koyamadığım tekinsiz bir his yayılıyordu içimde. Sinan'ın bildiği ve bize söylemediği bir şey mi vardı? Nergis Teyze çiçekten haberdar mıydı? Giderayak bu sorunun yanıtını bir kez daha bulmak umuduyla kalan sayfaları okumak üzere günlüğü açtım. Nasıl olsa yarın bunların hepsi geçmişte kalacaktı.

İlerleyen sayfalarda Nergis Teyze'nin bilinçaltı dışavurumları devam ediyor, gündelik hayattan kesitlerin yerini sanrısal betimlemeler alıyordu. Duvardaki çatlakların yaydığı neon ışıltılardan bahsediyordu mesela. Bir sayfada ise kemik seslerinden. Kırılan kemik seslerini uzun uzun tarif ediyor ve bu seslerin nasıl kendi bedeninden de çıkmasını istediğini derin bir tutkuyla yazıyordu. Ruhunun nihayet bedeninden ayrılmaya başladığını, kapkaranlık bir evrende kendine yeni bir hayat bulduğunu söylüyordu. Başka insanlar için dehşetengiz sayılabilecek bu evrense onun için huzur doluydu.

Sonlara doğru bir bölümde, sanki bir an silkinip kendine gelmiş gibi yazıyor ve yaşadığı hiçbir şey için pişmanlık duymadığını belirtiyordu. *Pişmanlık bir çıkış bileti, tüm günahlarımız için itinayla tasarlanmış. Benimse hiçbir günahım yok. Pişmanlığım yok. Çıkış niyetim yok!*

Son sayfalarda dikkatimi çekense, istikrarlı bir şekilde kendini tekrarlayan *pembe ay*'dı. Neredeyse her sayfada bir pembe ay bahsi geçiyor, pembe aya yakarıyor, ona sesleniyordu. Pembe aydan kastı neydi? Gezegenimizin uydusu bildiğimiz aydan mı bahsediyordu, yoksa bir metafor muydu?

Son sayfayı okuduğum zamansa en başından görünenden daha derin bir mevzunun içinde olduğuma artık emindim. Her bölümün başına o sayfada anlattığını düşündüğü fiilin adını yazıyordu. Son bölümün adını ise eylemlerin, fiillerin en kutsalının adını vermişti: *Sevmek.* Kaptan'ın kaybolduğu gün yazılmıştı.

SEVMEK

Dalgaları birer birer aşıyoruz. Dalgalarda kemik sesleri var. Kırılan dalgalar, kırılan kemikler gibi ve denizin rengi kan kırmızı, kıpkırmızı. Dalgalar azgın birer düşman gibi, bize saldırıyorlar ama yılmıyoruz. Çünkü biziz. İki kişiyiz. İki beden olsak da tek ruhuz artık. Gombul bizi taşıyor. Gombul bizi götürüyor. Gombul dalgaları aşıyor ve bizi ona götürüyor. Küçük bir ceviz kabuğu ama bize yetiyor.

Ey Pembe Ay! Sana geliyoruz! Nihayet! Hayatının tüm yüklerinden arınmış, nihayet salt kendisi olabilmiş ben, sana geliyorum! Gökyüzü haykırıyor, şimşekler bizi kutsuyor ve sana geliyorum! Denizlerin tüm canlıları bizi selamlıyor çünkü böylesine bir arınmışlığı yeryüzünde kimsenin başaramadığını biliyorum.

Ah Pembe Ay! Sana varabilmek, sevginin en yüksek mertebesine ulaşabilmek için ne büyük bir fedakarlıkta bulundum. Kendimden bir parça! Sadece senin için! Senin olabilmem için!

En sevdiğimi sana takdim etmeye, hayatımın yüklerine nihai noktayı koymak için geliyorum.

Sevdiğim adam elimi tutuyor. Gombul dalgaları göğüslüyor ve hayatımın yükünü sulara bırakıyorum. O derinlere süzülürken ben yükseliyorum. Sana yükseliyorum Pembe Ay! Beni yanına al istiyorum. Bu doyumsuz haz hiç bitmesin. Bu sınırsız sevgi hiç tükenmesin. Yer, gök ve deniz bizi unutmasın.

O derinlere. Ben yükseklere. Süzülüyoruz.

23 Ağustos 1994

31.

Davete icabet etmeden önce evi temizledim. Ardımda bir iz bırakmadığıma emin olduktan sonra da sitenin girişindeki büyük çöp konteynırına gidip son çöpümü attım. Dönerken uzaktan bir arabanın geldiğini işittim. Gayriihtiyari dönüp baktım. Araba girişe yakın bir yere park etti. Araçtan inen müze müdürü Şerif'ti. Beni gördü ve tanıdı gibi geldi bana. Ama kısacık bir andı. Sıcağa rağmen takım elbiseliydi. Ağır adımlarla siteye yöneldi ve gözden kayboldu. Nezih'e mi gelmişti yoksa? Susturdum içimdeki sesi. İlişmeyecektim daha fazla sitenin işlerine. Bitmişti burası benim için. Sinan'ın yemeklerini son kez mideme indirecek, içimdeki şüphe kırıntılarını sindirecek, Maya'nın yüzünü son kez görecek ve inime geri dönecektim.

Davet saatinden biraz daha erken Sinan'ın evine gittim. Kimseler gelmeden biriktirdiğim soruları sormak niyetindeydim. Ayrıca Nezih'in şeytani planlarını ve tuhaf ruh hâlini de gitmeden Sinan'la paylaşmak istiyordum. Ama yalnız değildi. Füsun'la hararetli bir konuşmanın ortasındaydılar. Beni görünce sustular. İkisi de gergin gibiydi.

"N'oldu?" diye sordum.

"Önemli değil, klasik site işleri," diye yanıtladı hızla Sinan.

Öyle miydi gerçekten? Füsun sinirli gözlerle Sinan'a bakmaya devam ediyordu. Sinan da hızlıca *şimdi değil, sonra* manasında bir mimik yaptı ona. Ne konuştularsa benimle paylaşmayacakları belliydi. Fakat Füsun varken ben de istediğim sualleri yöneltemeyecektim. Füsun'un varlığı duraklamama ve kendimi tartmama sebep verdi.

Bir tarafım koyvermemi söylüyordu. Diğer tarafım başka hiçbir şey kurcalamamamı, sessiz sedasız İstanbul'a dönmemi söylüyordu.

Günlüğün son sayfası resmen kaptanın ölümüne işaret etmişti. Yıllarca iddia edildiği gibi, dostum Deniz'e söylendiği gibi Kaptan bir sabah denizde kaybolmamıştı. Basbayağı cansız bedeni oraya atılmıştı. O gece tam manasıyla neler yaşandığını bilen muhtemelen tek kişi, dostum olarak gördüğüm bu adam, yani Sinan'dı.

Oyuncu ve meraklı tarafım beni buraya kadar getirmişti. Ama yaşamın kıyısında sessiz sedasız takılıp giden bu insanların hayatlarına çomağı daha fazla sokma lüksüm var mıydı? Kalp atışlarımın hızlandığını hissettim.

"Sen niye erken geldin?" diye sordu Sinan.

"Hiç, öyle. Sofrayı kurmaya yardım ederim diye düşündüm," diyebildim sadece.

"İyi peki madem, kap bakalım dolaptan tabakları."

Komşumun özenle ve kendi elleriyle hazırladığı lezzetlerden koskocaman bir sofra kurduk. Hayatımın son iki ayına dahil ettiğim herkesin davetli olduğu bir sofra. Mağaracı kardeşler, Füsun, Nihal, Maya ve Sinan... Asmanın altındaki sofra akşamüstü güneşinin tatlı ışınları ve rüzgârın hafif okşamalarıyla kutsanıyordu.

Sofra hazırdı ama henüz gelen yoktu. Erkendi daha.

"Nezih'i gördünüz mü son zamanlarda?" diye sordum.

"Niye ki?" diye yanıtladı Füsun.

"Bilmem, biraz tuhaf gözüküyordu da son gördüğümde."

"Ne gibi?"

"Kafası güzel gibi diyeyim en kaba tabiriyle. Bir de siteyle ilgili tuhaf fikirleri olabilir, siz bir ara konuşun bence onunla."

"Ne gibi?" aynı soruyu bu sefer Sinan sordu.

"İşte orasına artık beni karıştırmayın. Benim zamanım doldu burada. Giderayak bulaşmayayım hadiselere."

Bir süre sonra mağaracı kardeşler İzzet ve Tarık sofrada yerlerini aldı. Kısa bir süre sonra Nihal de geldi. Maya'dan henüz ses yoktu. Kardeşlerin keyifler kaçık gibiydi yine. Onlara doğru eğilip nasıl olduklarını sordum.

"Gerekeni yaptık abi," dedi Tarık donuk ve sert bir ifadeyle. Çektiğim dizilerden bildiğim bir ifadeydi.

"Kes!" diye hırladı İzzet kardeşine.

"N'oldu ya?"

Tarık boş tabağına bakıp iç çekti.

"Abi, bu benim mankafa kardeşim kendince adam olmuş, erkek olmuş eşkıyalara kafa tutuyor."

"N'aptın sen Tarık?"

Tarık anlatmaya kalksa da İzzet tek bir hareketle susturdu kardeşini.

"Arkadaşlarını alıp bizi tehdit eden adamlardan birini bulup öldüresiye dövmüşler. Olan bu! Bu mankafa yüzünden bittik biz! Yarın seni kendi ellerimle teslim edeceğim oğlum jandarmaya!"

"Abi..." dedi Tarık canına tak etmiş gibi "Üniversite okudun diye bu işleri tatlı dille çözerim sanıyorsun da devlet falan yok biliyorsun di mi? Kimse senin arkanı kollamıyor biliyorsun di mi? Hakkın için savaşmak ne zaman mankafalık oldu ya?"

"Tamam, yeter sus! Keyifleri kaçırmayalım şu güzelim sofrada!"

Füsun Caretta Bar'ı satmayı düşündüğünü, bir alıcı dahi çıktığını söyleyerek dikkatimizi dağıttı.

"Hatta," dedi Nihal'e dönüp "Sizin ekipte çalışanlardan birinin ablası almak istiyor. Nasıl olsa daha yıllarca buradasınız, fena yatırım değil bence."

Ne kaçırdığını gör diye anlatıyorum, istersen sen bir kez daha düşün teklifimi dercesine bir bakış attı bana gözlüklerinin ardından. Füsun'un barı bir vaha gibiydi. Bu ülkede gerçek olamayacak kadar güzel bir yerde insanları ağırlayan küçük bir düş gibiydi. Ama Caretta Bar da her güzel şey gibi er ya da geç bir çirkinliğe boyun eğecek, kepenk indirecekti. Çünkü bu ülkede düzen böyleydi. Kendi hâlindeki güzele müsamaha yoktu. Mekânı ömrümün geri kalanında zihnimde açık tutmak benim için daha kârlıydı.

"Yok mu yahu Sinan abi bizim şu çiçekten bu akşam. Mert abimin de son gecesi!" Abisinden zılgıt yiyen Tarık rakıya abanmıştı iyice.

"Yok!" dedi Füsun asabı bozuk, Sinan'a söz hakkı tanımadan.

"Kızma Füsun abla, ben hep buradayım zaten, istedim mi içerim, Mert abim için şey etmiştim ben..."

Füsun'un Sinan'a geçit vereceği yoktu belli ki. Kadın kızgındı.

Muhabbetler muhabbetleri, mezeler mezeleri takip etti. Savaş artık masada bir konu bile değildi. Hepimiz durumu kanıksamış, bir sonraki küresel savaş sanrısına kadar dünyayı oluruna bırakmıştık. Kıyametin koptuğu bir dünyada sığınağım olarak düşlemiştim burayı ve bu düş bana huzur vermişti. Kendi irademle gerçekleştiremeyeceğim ancak gerekli koşullar oluştuğu takdirde var olabilecek bir düştü bu. Kıyamet ve yeni düzen! Ne güzel bir ikili. Ama biri olmadan diğeri olamıyordu benim için.

Dediğim gibi muhabbetler muhabbetleri, mezeler mezeleri takip etti ama Maya bir türlü gelmedi. Zaten bana kalmadan Maya'nın nerde kaldığını Tarık sordu. *Gelir herhalde birazdan* dedi birileri. Nitekim öyle de oldu. Ama tahmin ettiğimiz gibi gelmedi. Önce koşar adım bize doğru gelen birinin ayak seslerini duyduk. Döndük ve bize doğru hızla koşan Maya'yı gördük. Masaya vardığında boşluğa bakıyor gibiydi. Sonra uzun bir çığlık attı. Uzun, çok uzun ve dehşet vericiydi. İnsanın en ilkel hâliydi bu belki de. Maya'nın çığlığı dağlardan sekip tepemizde yankılandı. Korkunç bir andı. Ama korkunç olan çığlık mıydı yoksa bizim çaresizliğimiz miydi emin değilim.

Sonra Maya'nın üstündeki kanı fark ettik. Ellerinde, elbisesinde, dizlerinde, yanaklarında bile kan vardı. İlk Füsun fırladı yerinden. Maya'yı omuzlarından tutup sarstı, sarıldı ve hemen sandalyeye oturttu. Şimdi masadaki herkes ayakta Maya'nın başına dikilmişti. Ama konuşamıyordu. Herkes bir şey söylüyor ama Maya susmuş, gözlerini yere dikmiş zangır zangır titriyordu. Füsun "Çekilin yahu kızın etrafından! Sinan sen de su getir!" diye bağırdı.

İzzet gözü dönmüşçesine "Kim yaptı lan bunu ona!" diye bağıran kardeşini sakinleştirmeye çalışırken Füsun Maya'nın bedeninde bir yara izi olup olmadığına bakıyordu. Sonra bize dönüp "Bu onun kanı değil galiba," dedi. Biraz su içirdi, biraz da eline su döküp Maya'nın yüzünü sildi. Maya hâlâ titriyor ve konuşamıyordu.

Sinan'ın aklına Maya'nın eniştesi gelmiş olacak ki "Nerde lan bu Nezih!" diye bağırdı. Füsun, Sinan'ın Nezih çıkışını duyunca hışımla ayağa dikilip "Ulan aklın fikrin Nezih'te, sen kızın hâline bak! Normalde başımızın etin yersin buna şu iyi gelir, şunu şu iyi gelir diye! Gidip içerden bir şeyler getirsene kıza!"

Sinan hiç yorum yapmadan hızla eve girip elinde ufak bir tüp şişeyle geldi. Füsun'a verip Maya'ya koklatmasını söyledi. Öyle de yaptı. Maya'nın gergin mimikleri ve şok içindeki yüzü biraz dinginleşti. Bir süre sonra ağzından ilk sözler döküldü. "Paramparça," diyebildi önce. Sonra "Eniştem…" çıktı ağzından. Ardından da "Adam... Paramparça, her yerde!" dedi ve gözyaşlarına boğuldu.

İçimde bir şeylerin kımıldadığını hissettim. Korku salan, beni yerime mıhlayan. Defalarca cinnet ve vahşet sahneleri çekmiştim. Ama gerçek başkaydı. Gerçekler hep başkaydı. Kafanızda ne kadar sahnelerseniz sahneleyin gerçekler her zaman hangi yönden geldiğini anlamadığınız çok sert bir tokat gibiydi. Bundan sonra yaşanacaklar üzerinde hiçbir kontrolüm yoktu. Belki kaçabilir ya da kendimi korumayı deneyebilirdim ama değiştiremezdim. Dehşet oku yaydan çıkmıştı. Mezar odasında yazdığı gibi, "Ölüm geliyor"du.

Maya'nın ağzından dökülen kelimeleri duyduğum anda müze müdürü Şerif'in siteye girişini hatırladım. Neler olduğunu henüz bilmiyordum ama Şerif'in artık aramızdan ayrıldığına emindim. Kuvvetle muhtemel Maya'nın üstündeki de Şerif'in kanıydı.

Neler döndüğünü hesaplamaya çalışırken Füsun koluma girip "Yürü Nezih'e gidiyoruz," dedi. İtiraz edecek hâlim yoktu. Ama daha iki adım atmadan yerimize çakıldık. Az ötemizdeki yazlıklar birer birer alev almaya başladı. Alevler tereddütsüz ve ani bir hızla evlerin dış cephelerini ve ahşap kapıları sardı. Sayabildiğim kadarıyla üç ev yanıyordu. Üçü de yazlığı kapatıp gitmiş ailelerin evleriydi.

Manzara karşısında "Motor!" diye bağırıp çekime başlamak istedim. Yönetmen güdülerim bunun ne de güzel bir manzara olduğunu fısıldıyordu kulağıma. Kamera önce yangınla aydınlanan yüzlerimizdeki şaşkın ifadeyi çekecek ardından hafifçe süzülerek yanan evlere dönecek, o cayır cayır alevlere ağır ağır zoom yapacaktı.

Alevler giderek yıldızlara ulaşmaya çalışırcasına yükselirken dumanların arasından iki kişi belirdi. Bize doğru ağır ve emin adımlarla ilerliyorlardı. Biri cüssesinden belli, bekçi Bekir'di. Diğeriyse hiç şüphesiz Nezih. Bekir'in bir elinde omzuna dayadığı tüfeği, diğer elindeyse benzin bidonu vardı. Nezih mezbahada katliam yapmış gibiydi. Baştan aşağı kıpkırmızıydı. Ben dahil, arkamdaki herkes üstündekinin kan olduğunu biliyorduk. İç çamaşırı dışında çıplaktı. Elinde bir hayli uzun bir pala taşıyordu. Muhtemelen Şerif'in hayatına son veren palaydı o.

İkili yakınımıza gelene kadar kimseden ses çıkmadı. En önde ben ve Füsun vardık. Arkama dönüp baktım. Nihal, olup biteni görmesin diye Maya'nın yüzünü göğsüne bastırmıştı.

Nezih üstünü ve yanan evleri göstererek "Nasıl?" dedi ve kıkırdamaya başladı. Gülme krizini engellemeye çalışırcasına ağzını ve midesini tuttu. Salt delilik ve kötülük, Nezih'te vücut bulmuş gibiydi. Hiçbirimiz böyle bir şeye hazır değildik, hiçbir zaman da olmayacaktık. Sadece adama bakabiliyorduk. Elimizden gelen yegâne şey buydu. Bakmak.

Tarık onlara doğru bir hamle yapmaya kalksa da Bekir anında silahını bize doğrulttu. "Yemin billah sıkarım kurşunu," diye de ekledi. Füsun, Sinan'a dönüp, "Gözleri Sinan, gözleri!" dedi.

Bekir'in gözler normaldi ama Nezih'in gözlerine baktığımda simsiyah iki delik gördüm sadece. Gözünün akı gitmiş yerini gecenin karanlığı almıştı.

Sinan'ın "Nezih, ne yaptın sen?" dediğini duydum.

"Ah komşularım benim... Bu gece böyle, mazur göreceksiniz beni... hihihihi," bir şarlatan gibi kıkırdamadan konuşamıyordu. "Bu gece olması gerekenlerin olduğu... Her şeyin nihayete erdiği gece... hihiih... Sitemiz kurtuluyor... Ama fedakârlık yapmadan kurtuluş olmaz! Di mi Bekir?"

Bekir namluyu bize doğrultmaya devam ediyordu.

"Şerif'i ikna etmeye çalıştım... Ama dinlemedi... hihihi... Sitenin yarısını al dedim, dinlemedi... hihihi... Ben gerekeni yaptım, fedakarlıkta bulundum ve Şerif'ten kurtuldum... Kısasa kıssas! Hihihi..."

"Nezih ne yaptın sen?" diye bağırdı bu sefer Sinan.

Apaçık bir şeyin tesiri altındaydı. Bir zamandır gözlemlediğim tuhaf hâllerini düşündüm. Belki de birkaç gün ya da haftadır bu tesir devam ediyordu. Son iki aydır burada deneyimlediğim, öğrendiğim, yaşadığım ve edindiğim bilgiler kafamda dönmeye başladı. Zihnim hafıza bulutları arasında süratle dolanıyordu. Nezih'le sahilde karşılaştığım günü hatırladım. Kekik toplamaktan döndüğünü iddia etmişti. Ama gergindi. Sinan'ı mı takip etmişti yoksa? Tebessüm çiçeği yerine başka bir şey mi toplamıştı? Nihal'in gösterdiği duvar resmi geldi gözümün önüne. Tebessüm çiçeğinin kökleri kuru kafalarla doluydu. Çiçeğin bilmediğimiz güçleri mi vardı? Füsun ve Sinan neden gergindi? Bu yüzden miydi? Nergis'in günlüğüne yazdığı o saykodelik son sayfalar vardı bir de... O da mı bir şeylerin tesiri altında yazmıştı yazdıklarını?

"Ah Sinancım, ne de çok severdim aslında seni... hihihi... ama dedim ya... hihihi... fedakârlık sırası şimdi sizde. Sessizce evi ve burayı terk edin. Arkanıza dahi bakmadan süzülerek gidin... hihihi... Gerisini ben ve Bekir hâlledeceğiz. Eğer gitmezseniz Şerif'le dans ederken bulabilirsiniz kendinizi... hihihihihihi...

"Kendine gel Nezih! Bekir saçmalama indir şu silahı!" Füsun'un çabası sonuç vermeyecekti.

"Saçmalamak mı? hihihi... Kan o kadar lezzetli ki Füsun! Bunca zaman neden saklamışlar bizden bu lezzeti?" dedi ve kollarındaki kanı bir güzel yaladı. "Açım ve susuzum Füsun. Senin de kanın pek lezzetlidir şüphesiz. Hihihi..."

Bekir belli ki Nezih gibi tesir altında değildi. Ama çok kararlı bakıyordu. Bir an için olsun göz kırptığını görmedim. Tereddütsüz evini korumak için her şeyi yapacak kıvamdaydı. Hangisi daha ürkütücüydü karar veremedim. Belki de Bekir'di, zira bile isteye, kendi rızasıyla bu vahşete ortak oluyordu.

"Devlete bu sitenin yarısı yeter! Harabeye dönmüş bu yarısını versek yetinirler. Sizin zaten siteyi sevdiğiniz yok, hadi gidin buradan da canınızı kurtarın!"

Bekir'in cümlesini bitirmesiyle yüzü aydınlandı. Arkamızı dönüp baktığımızda bir arabanın ağır ağır sitenin yan girişine yaklaştığını gördük. Belki de bu cinnetten çıkış biletimizdi gelen. Ama yanılmıştım. Araba yanaştı, durdu, tüm kapıları birden açıldı ve içinden takım elbiseli dört adam indi. Gördükleri vaziyetin çılgınlığı önce yüz ifadelerine vurdu. Sonra bellerindeki silahlara davranıp ağır ağır bize yürümeye başladılar.

Elebaşları gibi gözüken daha iri kıyım olanı "N'oluyo lan burda!" diye bir nara patlattı. Nezih'in kahkahası dışında bir ses çıkmadı kimseden. Göz ucumla Bekir'in tüfeğini onlara doğrulttuğunu gördüm. Karambolde Tarık'ın da hızla evin arkasına doğru sıvıştığını fark ettim. Diğer herkes mum gibi dikiliyordu.

"Patron, bu ne yahu?" dedi aralarından biri. Genç eleman haklıydı. Bu neydi yahu gerçekten de? Nasıl bir deliliğin ortasında kalmıştım. Nezih ve Bekir'in saçtığı felaket yetmiyormuş gibi eli silahlı dört tip bize doğru gelmekteydi. Bir yandan da elemanlar *Toz Duman*'ın gerçek hayattaki bir tezahürü gibiydi. Her bölümde belirip tutuklanan ya da kurşunlanıp ölen kötü adamların hık demiş burunlarından düşmüşlerdi. Bana tanıdıktılar yani. En azından kurgusal dünyada. Bir an sette hissettim kendimi, "Veee kestik!" diye bağırasım geldi. Kameralar duracak, set ışıkları yanacak ve hep beraber kahve molası verecektik. Makyözler gelip Nezih'in üzerindeki kanı temizleyecek, kuaförler dört mafyözün saçına hızla bir bakım yapacaklardı. Sonra da devam sahnesinin çekimi için ben yönetmen koltuğuma onlar da kamera önüne geçecekti. Koltuğumu özledim. Etrafımdaki herkesten ayrıştığım, dokunulmazlık yeleğimi giydiğim yönetmen koltuğumu.

"İzzet ve Tarık kim burada?" diye seslendi elebaşları. "Onları alıp gideceğiz!"

"Bir adım daha atarsanız vallahi sıkarım," diye yanıtladı Bekir.

"Defolun lan sitemizden!" diye ekledi Sinan.

Elemanlar mağaracı kardeşlerin başına musallat olan o karanlık adamlardı belli ki. Tarık'ın son hamlesi bardağı taşırmış, belki de kardeşleri infaz etmek için gelmişlerdi buraya. Ama adamlar sayesinde işler bir anda tersine dönmüş hep beraber siteyi savunur olmuştuk şimdi. Sinan da İzzet ve Tarık'ı almak için cesedini çiğnemeleri gerektiğini, bu sitede eşkıyalara pabuç bırakmayacağını söyleyen kısa bir tirat attı.

Adamlardan biri niyetlerini vurgularcasına nişan aldı. Parmağı tetikteydi. O esnada hemen yanı başımızdan bir patlama sesi geldi ve adamlardan birinin başı kanlar saçarak ikiye yarıldı. Kulaklarım çınlamaya başladı. Sarsıldım ve başım döndü. Neler olduğunu anlamaya çalışırken elinde tüfekle duran Tarık'ı gördüm. Silahlar konuşmaya başladı. Kimin neye davrandığını, nereye kaçtığını anlamadan kendimi verandadaki masanın altına attım. Füsun'la Maya da benimle birlikte masanın altındaydı. Nara ve silah sesleri boğuk da olsa, başımdaki çınlamaya rağmen işitebiliyordum. Orada ne kadar kaldık hatırlamıyorum ama Maya'nın yüzündeki ifadeyi çok iyi hatırlıyorum. Hayal kırıklığı ve nefret doluydu. Tamamen olmasa da kısmen üstüme alınmaktan alıkoyamadım kendimi. "Üzgünüm," dedim sessizce. Ama bunu ben bile duymadım.

Masanın altında uzun süre kalamazdık. Kaçmamız gerekiyordu. "Tarlaya doğru! Hadi!" diyerek diğerlerinin de peşimden gelmesini umut ederek yerimden fırladım. Fırlarken çalıların arasından cansız bir bedene ait iki bacağın uzandığını gördüm. Kimindi onlar?

Hızla duvarın üzerinden atlayarak çilek tarlasının girintili çıkıntılı zemininde koşmaya başladım. Kimler geliyordu peşimden? Arkamda görebildiğim kadarıyla Maya, Füsun, Sinan ve Nihal tabana kuvvet koşuyorlardı. Uzaktan silah sesleri ve bağrışmalar gelmeye devam ediyordu.

Tarla bitince başlayan düz zemin sayesinde hızlandık ve düşe kalka koşuşum depara döndü. Harabelere doğru ilerliyorduk. "Nekropolis'e koşun!" diye bağırdı Sinan. Ciğerimin artık ağzıma geldiğini hissetsem de durmadım. Maya da artık beni sollamış en önde koşuyordu. Ben de onu takip ediyordum. Arkamızdan gelen yok gibiydi. Ama dehşetin hissi peşimizi bırakmıyordu ve bu dur durak demeden uzaklaşmak için yeterliydi.

Mezar evlere gelince yavaşladık. Arazi hem dikleşmiş hem de taşlık ve kayalık zemine varmıştık şimdi. Ay ışığında yol almaya çalışıyorduk ama adımını nereye atacağını kestirmek zordu. Can havliyle ilerlerken Maya'nın mezar evlerden birine girdiğini gördüm. "Gelin," dedi sessizce. Peşinden girdim. Ardımdan birinin daha girdiğini fark ettim. İçerisi zifiri karanlıktı. Herhangi bir ışık kaynağından yoksun, sadece seslerimizin var olduğu bir boşluğa adım atmıştık.

Ellerimle ortamı yoklayıp, çömeldim ve sırtımı duvara yasladım. Yorulmuştum, başım dönüyordu. Biraz nefeslenince "Kim var orada?" diye sordum karanlığa. "Ben varım," dedi Sinan. "Diğerleri başka bir deliğe girdi sanırım."

Üçümüzün de hızla nefes alıp verdiğini duyabiliyordum. Sinan bize kıyasla biraz daha yorulmuş gibiydi. Yaşı vardı sonuçta. "İyi misin?" diye sordum. "İyi olacağım," dedi. Ne saçma bir soruydu. Böyle bir geceden sonra hiçbirimiz iyi olamayacaktık. Savaş bizden uzakta sanıyordum. Hatta beni kurtaracağını, yeni hayatımın teminatı bile olacağını düşünmüştüm. Ama kucağımda patlamış, tam ortasına düşmüştüm. Savaş damarlarımızda akıyordu, içimizde, dibimizdeydi. Sığınağım sandığım yerse kıyametim olmuştu.

Sinan'ın biraz dinlenmesine müsaade ettim. Dışardan herhangi bir ses de gelmiyordu. Bizi takip eden kimse yoktu belli ki. Kaçınılmaz soruyu kısık sesle sordum: "N'oldu Nezih'e öyle?" Sorumun yanıtı Sinan'daydı, bunu biliyordum. "Çiçek mi yaptı onu böyle?"

Önce bir sessizlik takip etti sorumu. Sonra Sinan boğazını temizleyip konuştu. "Bilemiyorum, muhtemelen..."

"Yapma komşu, şu saatten sonra lafı gevelemen manasız." Işıksız ortamda, yüzlerimizi ve mimiklerimizi görmüyor olmamızın bir rahatlığı vardı üstümde. Maya'nın hıçkıra hıçkıra ağlamamak için kendini tuttuğunu fark ettim. Kesik kesik nefes alıyor, arada burnunu çekiyordu. Korkunç şeyler yaşamıştı. Uzanıp ona sarılmak istesem de önceliğim başkaydı. Artık maceranın son safhasındaydım. Zifirin içerisinde istediğimi sorabilir, beklediğim her yanıtı da alabilirdim. "Nedir bu çiçekle ilgili bize anlatmadığın? Konuşsana!

Ölüyorduk yahu hepimiz az daha! İzzet ve Tarık belki de öldüler bile!"

"Çiçeğin kökleri," dedi uzun bir nefes vererek. Devam edip etmek istemediğine karar verir gibi bekledi biraz. "Adama bunu yapar. Yaprakları nasıl yüzüne bir tebessüm veriyorsa, kökleri de böyle cinnet salar. Yavaş yavaş, ağır ağır... Önce çok güzeldir her şey. Rengarenk, hayallerle dolu bir dünyanın kapısını aralar sana. Ta ki seni tamamen ele geçirene kadar... Nezih ne yaptıysa, beni takip mi etti, ne etti bilmiyorum ama bir şekilde çiçeği bulup, kendince denemiş olmalı. Keşke bana sorsaydı, aptal herif! Ne kadar içti bilmiyorum ama hâlâ ölmediyse bir-iki saate gelir kendine."

"Çiçeğin neler yapabileceğini biliyordun yani?"

"Evet."

"En başından beri, uzun zamandan beri mi?"

"Evet."

"Ve hiçbirimizi uyarmak aklının ucundan geçmedi mi?"

"Niyetim bu değildi ki Mert." Sesindeki mahcubiyeti anlamamak mümkün değildi.

Niyetine sıçayım Sinan demek istedim ama dilim varmadı. "Neydi yahu o zaman niyetin?" diye öfkeyle tısladı Maya. Nedense Sinan için kötü hissediyordum kendimi. Başımıza berbat şeyler gelmiş, hatta muhtemelen aramızdan birileri ölmüştü ama Sinan'ın canı aslında dünyanın kötü bir zamanında iyi bir vakit geçirmek istemişti yalnızca. Sadece ufak bir detayı gözden kaçırmış, hesaba katmamıştı. Ama nerden bilebilirdi ki meraklı Nezih'in onu takip edip çiçekleri bulacağını.

Bekir'in bizi uzaktan izlediği geceleri hatırladım. Biz tebessüm çiçeğini yudumlarken o uzaktan, karanlıkta bizi süzüyordu. Nezih'e de muhtemelen Bekir ulaştırmıştı çardakta neler yaptığımızı. Hırs bürümüş adamcağız kendi çapında neler döndüğünü araştırmış, sonunda hepimizi ateşe atmıştı. İşlerin buraya varacağını, kan deryasından anadan üryan çıkıp siteyi ateşe vereceğini o da tahmin edemezdi.

Şimdiyse öngörülemez ve tahmin edilemez olaylar zinciri bizi kaç bin yıllık mezar evin içine tıkmıştı. Karanlık, nemli ve ölüydü burası. Eski dünyanın ruhları bir şeyler fısıldamaya çalışıyor ama beceremiyorlardı. Onları duymaya çalışırcasına sessizdik ama sesleri çıkmıyordu. Eski dünyanın hayaletleri, iblisleri, melekleri ve tanrıları artık yoktu. Hepsi ölmüş, bu dünyayı terk etmişti. Sadece bu eski duvarlar arasında eski varlıkların yankısını hissedebiliyordunuz. Hikâyelere, hayallere ve masallara hayat verenlere artık bu dünyada yer yoktu. Dev su projelerine ve televizyon dizilerine yer vardı sadece.

"Nergis'le birlikte buldunuz çiçeği ve birlikte kullandınız, yıllar önce..."

Ses gelmedi. Devam ettim.

"Dediğin gibi çiçeğin köklerinin o keyif verici, haz dolu etkisiyle kendinizden geçtiniz. Günlerce..."

Ses gelmedi. Devam ettim.

"Belki de sevgiliydiniz. Hatta muhakkak sevgiliydiniz. Aşıktınız birbirinize. Havva Hanım da bu ilişkinizi biliyordu. Ya da tahmin ediyordu."

"Mert yeter!" dedi Sinan.

"Yetmez!" diye girdi araya Maya. Sesi titriyordu.

"En yakın arkadaşımın babasının katiliyle yüz yüzeyim şu an. Adamcağızın mezarı bile boş! *Vicdanını temizlemek istiyorsan ayağına gelen bu fırsatı kaçırmamalısın bence.*" Komiser Turan'dan birebir alıntı yapmıştım. Artık role iyice bürünmüş, hedefime bir adım mesafedeydim. Yaşanan tüm çılgınlığa rağmen aşırı motiveydim.

Ama cevap vermedi Sinan. Belki de düşünmesi gerekiyordu. İtirafın tek yönlü bir yol olduğunu biliyordu. O kelimeler ağızdan bir kere çıktı mı geri dönüş yoktu. Sonra "Nergis," dedi. "Kaptan'ı Nergis öldürdü. Ben değil." Sesi hissiz ve kuruydu.

"Nasıl?"

"Haklısın, Nergis'le aşıktık birbirimize. Delicesine. Yeryüzü böyle aşk görmemiştir... Çiçekleri de birlikte bulduk. Birlikte denedik. Birlikte hayaller kurduk." devam etmekte zorlanıyor gibiydi. "Birlikte çiçeğin karanlığına sürüklendik." Uzun bir nefes verdiğini duydum. Yüzünün aldığı ifadeyi merak ediyordum. Ama yüzünü görüyor olsaydım muhtemelen bu soruları soramazdım. O da böyle anlatamazdı. Zifirin nimeti ikimize de yarıyordu. Ben merak gideriyor, o da vicdan temizliyordu.

"Çiçeğin etkisiyle giderek şeytani bir tarafa sürüklendiğimizi fark ettiğimde durmamız gerektiğini söyledim. Tuhaf şeyler yaptırmaya başlamıştı çiçek bize. Ürkmüştüm. Ama Nergis sürekli daha fazlasını istiyordu. Kitap yazdığını ve çiçeğin zihnini açtığını söyleyip duruyordu. Benim için vazgeçmek kolay olmuştu ama Nergis çok ısrarcıydı. Korksam da vermeye devam ettim. Bir yandan da çiçeğin yapraklarıyla yeni bir içecek buldum... Sizin de içtiğiniz.

O gece Kaptan sessiz sedasız seferden gelmişti. Sürpriz yapacaktı hesapta. Deniz de yanlış hatırlamıyorsam bir arkadaşında kalıyordu. Ne olduysa o gece oldu. Sesleri duyup koştuğumda çok geçti. Kaptan salonun ortasında yatıyordu. Çok kan kaybetmiş ve çoktan can vermişti. Nergis elinde bıçak aynı Nezih gibi gülüyor, sürekli pembe aydan bahsediyordu. Ne yapabilirdim başka? Sevdiğim kadının hapsi boylamasına göz yumamazdım. Aklıma ilk ve tek gelen şey Ahmet'i yüklenip denize atmaktı. Öyle de yaptım."

"Düştüğüm ortama bak ya! Etrafım katiller ve manyaklarla çevrili! İtalya'da olacaktım ben, İtalya'da! Allah kahretsin hepinizi!" Maya isyanında haklıydı. Lakin artık dostumun babasının katilini biliyordum. Annesiydi. Öz annesi, öz babasını katletmiş, sonra da gözlerinin içine baka baka denizde kaybolduğu yalanını söylemişti. Belki gizemli bir bitkinin tesiri altında istemeyerek yapmıştı. Ya da en başından beri ondan kurtulmak, kendini özgür kılmak istemiş ve tebessüm çiçeği ona cesaret vererek sadece yardım eli uzatmıştı. Günlüğüne ise bu ölümsüz aşkı tüm çıplaklığıyla yazamayacağını düşünmüştü Nergis. O yüzden *Sinan* yerine *Ahmet* yazmıştı gerektiği yerde. Heykeli denizden çıkarırken de antik kenti dolaşırken de kafalar güzelken de hep gizli sevgilisi Sinan vardı yanında.

"Gerçi," dedi Sinan "Ne işe yaradı? Yine de yollarımız ayrıldı."

Sinan'a verilecek şık bir cevap düşündüm ama bulamadım. Neyse ki ben görevimi yerine getirmiş, suçluları yakalamış, çözülememiş bir gizemi nihayet gün yüzüne çıkarmıştım. Tek sorun bu bilgiyi Deniz'e asla söyleyemeyecek olmamdı. Sinan da bunu adı gibi biliyordu.

"Füsun da biliyordu."

"Tek sırdaşım..."

Filmin son sahnesi şimdi gelmeliydi. Vurucu bir final cümlesi... Ama sahneye kısık kahkahasıyla Maya çıktı. Önce alkışladı bizi.

"Bravo, bravo. Çözdünüz mü Mert Bey tüm gizemi? Yakaladınız mı katili? Siz ne boktan insanlarsınız ya böyle! Eğleniyor musunuz bari? Oyun mu bu? Ne bencil ne kendi doğrularına saplantılı tiplersiniz ya siz! Sanki sadece sizin hayalleriniz var. Arzuladığınız her şey sizin olsun istiyorsunuz ama aldığınızın yerine hiç ama hiçbir şey koymuyorsunuz. Siz anca kendinizi tatmin etmekten anlarsınız. Dürüst bile değilsiniz. Eski dünya kırıntıları sizi. Midemi bulandırıyorsunuz..."

Seslerden ayaklanmaya çalıştığını anladım.

"Dur kızım! Tehlikeli dışarısı," dedi Sinan.

"Dışarısı muhtemelen daha güvenlidir. En azından edenler neden ettiklerini bilmeden ettiler Sinan. Kusura bakma *amca*'yı da kaldırıyorum isminden. Sen çiçeğinle dünyayı kurtarmana bak. Dünya sana bel bağlamış, gel kurtar diye seni bekliyor ya! Ama aklına bir kere bile diğerlerini davet etmek gelmedi değil mi? Lafımı dinleyip Nezih amcamı ya da Bekir'i en azından bir kere sofraya çağırsaydın şu an bunlar olmazdı. Ama tek derdin o çiçeği sadece kendi istediğin ve seçtiğin kişilerle paylaşmaktı. Tek isteğin yüzümüzdeki şaşkınlık ve hayranlık ifadesini görüp kendini tatmin etmekti değil mi?

Sen de Mert, hiç yazmadığın filmi yazmış gibi yapmaya devam edebilirsin. Gerçekten üçüncü sınıf bir dizi yönettin diye insanların hayallerini hiçe sayabileceğini düşünüyorsun değil mi? Sana bu hakkın verildiğini düşünüyorsun. Bütün hareketlerini kendine hak sanan, bomboş bir adamsın. İşin en acıklı tarafı da hiç hatırlamıyor olman."

"Neyi?" diye sorabildim sadece.

"2010, *Toz Duman* yirmi dördüncü Bölüm. Sezon finali."

O kadar çok bölüm çekmiştim ki... Neyi hatırlamam gerekiyordu?

"Hatırlayamadın değil mi? Herkesin gözü önünde beni nasıl hırpaladığını, ağlayamadığım için bana nasıl bağırdığını hatırlayamıyorsun bile değil mi? Çok uzun bulduğun için eline makası alıp saçlarımı nasıl kestiğini de hatırlamıyorsundur. Ağlayayım da sen sahneni çekebilesin diye kimse görmeden beni nasıl hırpaladığını da. *Götürün şunu, rol yapabilen bir çocuk getirin bana* diye nasıl bağırdığını da. Tek isteği oyunculuk yapmak olan 13 yaşında bir çocuktum ya ben! Ama götün kalkmasın, o kadar da umurumda değilsin. Sadece hatırlamıyor olman beni tiksindiriyor. Neyse, artık unutmazsın beni."

Unutamayacaktım. Bir şeyler geveledim ama mantıklı bir cümle kuramadım. Hatırlamaya çalıştım ama zihnim bu mezar ev gibi kapkaranlıktı. Maya'nın o gece sahilde söyledikleri geçti aklımdan. Belki de hissetmemek, hatırlamamak için duygularıma ket vurmuştum. Onları bir odaya tıkmış, ağızlarını bantlamış, sussunlar istemiştim. Böyle böyle üniversitedeki o parlak beni öldürmüştüm. Başka biriydi o. Sahilde Maya'nın arkasından koşan hayalsiz benden farklı biri. Belki ismi, tipi bile başkaydı. Belki de paralel bir evrende o filmi çoktan çekmiş, istediği kariyeri yapmıştı. Geriye Musa'nın iti bir canavar kalmıştı. Açtığı yaraları hatırlamayan, duygularını dahi tanımayan bir canavar.

Uzaktan siren seslerini duyduk. Maya dışarı çıktı. Peşinden de biz. Jandarma, itfaiye ve ambulanslar siteye doğru ilerliyordu. Kim bilir neyle karşılaşacaklardı. Civar sessizdi. Araçların sesi dışında etrafımızda hareket yoktu. Muhtemelen Nezih, Bekir, İzzet, Tarık ve karanlık adamlar birbirlerinin canına kıymıştı. Mağaracı kardeşlerin paçayı sıyırmış olmalarını diledim. Nihal ve Füsun'a seslendim ama bir yanıt gelmedi. Belki de bambaşka bir yöne kaçmışlardı. Maya önden yürümeye başlayınca arkasından seslendim. "Nereye! Dur!"

Sinan da katıldı bana "Evladım dursana!"

"Evladın falan değilim senin!"

Sinan'la birlikte birbirimize bakıp Maya'yı takip etmeye başladık. Seri adımlarla bayırdan aşağı yürüyordu.

"Bırakın peşimi! Götünüz yiyorsa siteye gidin, polislere ifade verip tek tek anlatın her şeyi." Durdu ve bana baktı. Yüzü hâlâ kan içerisindeydi. "Sen," dedi "Eminim çok eğlenmişsindir. Hepsi sana bir macera gibi gelmiştir. Koskoca bir macera. Al sana mis gibi film? Nasıl? Çeker çeker satarsın. Nasıl şimdi ağlayabiliyor muyum? Ha! Yüzüme iyi bak ağlayabiliyor muyum?" Kanların arasından gözyaşları süzülüyordu. Haklıydı. Olup biten her şey nefis bir filmdi. Asla çekemeyeceğim bir filmin içindeydim. Hatta o filmin kamerasıydım ben ve Maya baş rolüydü. Çok güzel ağlıyordu.

Filmin kapanış sahnesi onundu artık. Muhtemelen beni ilk gördüğü anda tanımıştı. Sabırla onu hatırlayıp hatırlayamayacağımı beklemişti. Sonra da benimle akıllıca oynayıp benzer bir ıstırabı bana yaşatmıştı. Ben onun hayallerini çiğnemiştim ve zerre umurumda olmamıştı. Aslında senaryoyu yazamadığımı anlayacak kadar da zeki biriydi. Ama onu ve o günü neden hatırlayamamıştım? O kadar da önemsiz miydi benim için gerçekten? Bir ürperme yayıldı bedenime. Bir cinayeti çözerek kazandığım zafer dev bir utançla yerle bir edilmişti.

Maya arkasına bakmadan yürümeye devam etti, biz de yüzsüzce onu takip etmeye. Sarf ettiği sözlere yanıt veremedik. Öfkesi katıksız, dan-dun ve gelişine değildi. Düşünülmüş ve zekiceydi.

"Nereye gidiyorsun?" diye seslendi Sinan arkasından.

"Sahile! Rahat rahat ağlayabileceğim bir yer arıyorum kendime!"

Sahile vardık ve kendimizi ufak taşların üstüne bıraktık. Maya'yla aramızda bir elli metre kadar vardı ya da yoktu ama yanına gidemedik. Ağladığını duyabiliyorduk.

"Polise anlatacak mısın?" diye sordu Sinan.

"Anlatmayacağım elbette. Ama arkadaşıma olan sevgimden. Herifin dünyası paramparça olmasın diye. Ne diyeyim, *Oğlum, babanı anan öldürmüş* mü diyeyim?" Arkamıza dönüp Harabeler Sitesine baktık. Sirenler ve dumanlar yükseliyordu.

"Nasıl açıklayacağız olup biteni?" Sinan'ın sesi yorgun ve tedirgindi. Yıllardır taşıdığı yük üstünden kalkamamıştı belli ki. Kalkamayacaktı da.

"Ağız birliği yapılırsa sorun olmaz. Çiçekten bahsetmeyeceğiz. Nezih cinnet geçirdi, evini kaybetme korkusuyla müze müdürünü öldürdü deriz. E adamlar da harbiden Tarık'ı öldürmeye gelmişlerdi. Neyse benim burayla işim bitti. Gerisini siz düşünürsünüz."

Uzaktan adımızı bağıran Füsun'u duyduk. Sinan ayağa fırlayıp yanımıza çağırdı. Nihal de Füsun da iyiydi. Yaralanmamışlardı. Ben Nihal'le konuşurken Sinan, Füsun'u kenara çekip kulağına bir şeyler söyledi. Muhtemelen benim her şeyi bildiğimi ama susacağımı... Füsun kolunu Sinan'ın elinden kurtarıp "Yahu siktir et şu çiçeği de, eski hesapları da artık Sinan! Ölüyorduk lan hepimiz az daha! Maya nerede? İyi mi?"

"Şurda," diyerek işaret ettim. Nihal'le yanına gittiler. Yanına oturup sarıldılar ona. Maya bir süre yüksek sesle ağlamaya devam etti. Uzaktan izlemekle yetindik. Gidemedik yanlarına. Sonra Maya yerinden doğruldu, üstünü çıkardı ve deniz girdi. Üstündeki kanı temizledi. Nihal yanımıza gelip Füsun'la birlikte jandarmanın yanına gidip duruma bakacaklarını söyledi. İzzet ve Tarık için endişeliydiler. Benim önerdiğim gibi ağız birliği yapmaya karar verdik. Haber vermek üzere sahilden hızlı adımlarla ayrıldılar. Bize de Maya'ya göz kulak olmamızı tembihlediler.

Gittiler ve sahilde üçümüz kaldık. Maya artık ağlamıyordu. Ama biz de konuşamıyorduk. Dalgalar sakindi. Sahil sakindi. Hava serindi. Sonra gün ağarmaya başladı. Önce gökyüzü hafifçe aydınlandı. Sonra güneş belirdi. Hayatlarımızı sıfırlayan bir atom bombasının patladığı ana da bakıyor olabilirdik. Ama tüm kıyamet senaryolarına rağmen dünya bugün de seyrindeydi. Sonuçta biz insanlar ve tüm savaş ihtimallerimiz umurunda değildi güneşin. Bir çeşit antik zırva gibi geliyor olabilir güneşe tapınmak ama ona baktıkça bir an bana çok mantıklı geldi. İnsanlar yeteri kadar düşünmüyor artık güneşi. Düşünseler ne kadar güzel bir sığınak olduğunu anlarlardı. Dokunulmaz, ulu ve uzak.

Renkler canlanırken gezegenin bu tuhaf ve ıssız köşesinde yeni bir gün başlıyordu. Uzaklardan eski tanrıların ve antik insanların seslerini duyar gibiydim, onlardan biriymişim gibi hissettim. Hepsi güneşi selamlıyordu ve güneş o kadar güzeldi ki. Bize her şeyin normal olduğunu hatırlatmaya çalışıyordu. Olamayacağım insanlar, yaşayamayacağım hayatlar, geri alamayacağım benler, tersine çeviremeyeceğim anlar vardı. Bazı şeyler için çok geçti artık. Ama farkında olduğum sürece sahip olduklarımda sığınabileceğim bir sıcaklık vardı. İstediğim takdirde bu doğan güneş gibi içimi ısıtabilirlerdi.

Üçümüz de güneşe baktık. Belki de aynı şeyleri düşündük, çünkü peşi sıra şöyle dedik...

Önce Maya konuştu "Olağanüstü..."

Sonra Sinan "Sıradışı..."

Sonra da ben "Ve mükemmel..."